GRAPHIC LIBRARY™
en español

BIOGRAFÍAS GRÁFICAS

Jackie ROBINSON
GRAN PIONERO DEL BÉISBOL

por Jason Glaser

ilustrado por Bob Lentz

Consultor:

James L. Gates Jr., Director de biblioteca

Museo y Salón de la Fama Nacional del Béisbol

Cooperstown, Nueva York

Capstone

Graphic Library is published by Capstone Press,
151 Good Counsel Drive, P.O. Box 669, Mankato, Minnesota 56002.
www.capstonepress.com

1 2 3 4 5 6 11 10 09 08 07 06

Library of Congress Cataloging-in-Publication Data
Glaser, Jason.
    [Jackie Robinson. Spanish]
    Jackie Robinson: gran pionero del béisbol/por Jason Glaser; ilustrado por Bob Lentz
    p. cm.—(Graphic library. Biografías gráficas)
    Includes bibliographical references (p.31) and index.
    ISBN-13: 978–0–7368–6602–6 (hardcover : alk. paper)
    ISBN-10: 0–7368–6602–7 (hardcover : alk. paper)
    ISBN-13: 978–0–7368–9670–2 (softcover pbk. : alk. paper)
    ISBN-10: 0–7368–9670–8 (softcover pbk. : alk. paper)
    1. Robinson, Jackie, 1919–1972—Juvenile literature. 2. Baseball players—United States—
Biography—Juvenile literature. I. Lentz, Bob, ill. II. Title. III. Series.
GV865.R6G5318 2007
796.357092—dc22   2006042646

Summary: In graphic novel format, tells the life story of Jackie Robinson and his pro baseball
    career, in Spanish.

Art Director and Designer
Bob Lentz

Editor
Tom Adamson

Translation
Mayte Millares and Lexiteria.com

Nota del editor: Los diálogos con fondo amarillo indican citas textuales de fuentes
fundamentales. Las citas textuales de dichas fuentes han sido traducidas a partir del inglés.

Direct quotations appear on the following pages:
Pages 11, 25, quoted in *Great Time Coming* by David Falkner (New York: Simon and Schuster,
    1995).
Pages 13, 17, 20, 22, 26, from *I Never Had It Made* by Jackie Robinson (New York:
    HarperCollins, 1995).
Page 18, from *Wait Till Next Year* by Carl T. Rowan with Jackie Robinson (New York: Random
    House, 1960).

Tabla de contenidos

Capítulo 1 EL DON DE GRACIA

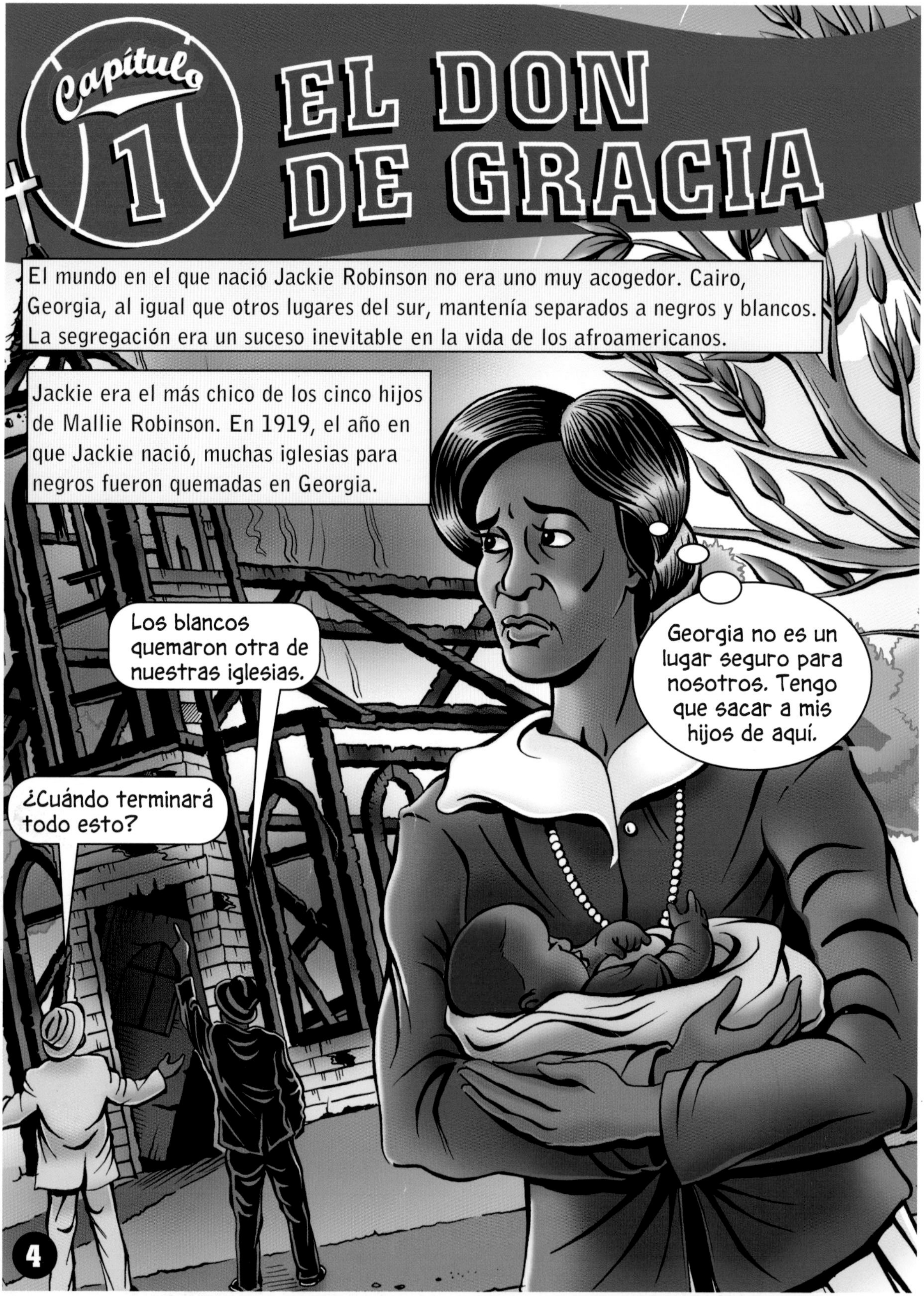
El mundo en el que nació Jackie Robinson no era uno muy acogedor. Cairo, Georgia, al igual que otros lugares del sur, mantenía separados a negros y blancos. La segregación era un suceso inevitable en la vida de los afroamericanos.
Jackie era el más chico de los cinco hijos de Mallie Robinson. En 1919, el año en que Jackie nació, muchas iglesias para negros fueron quemadas en Georgia.
Los blancos quemaron otra de nuestras iglesias.
¿Cuándo terminará todo esto?
Georgia no es un lugar seguro para nosotros. Tengo que sacar a mis hijos de aquí.

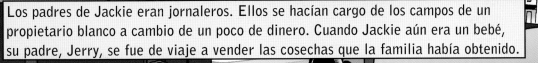

Los padres de Jackie eran jornaleros. Ellos se hacían cargo de los campos de un propietario blanco a cambio de un poco de dinero. Cuando Jackie aún era un bebé, su padre, Jerry, se fue de viaje a vender las cosechas que la familia había obtenido.

Tu esposo nunca regresó.

No sé dónde está. ¿Qué puedo hacer?

Tú también te tienes que ir. Tienes un mes.

El medio hermano de Mallie, Burton Thomas se había mudado a California hacía varios años. En una visita a Georgia, convenció a Mallie para que se mudara allá.

Jerry nos abandonó. Ya no podemos vivir aquí. ¿A dónde podemos ir?

¡Vente conmigo a California, hermana!

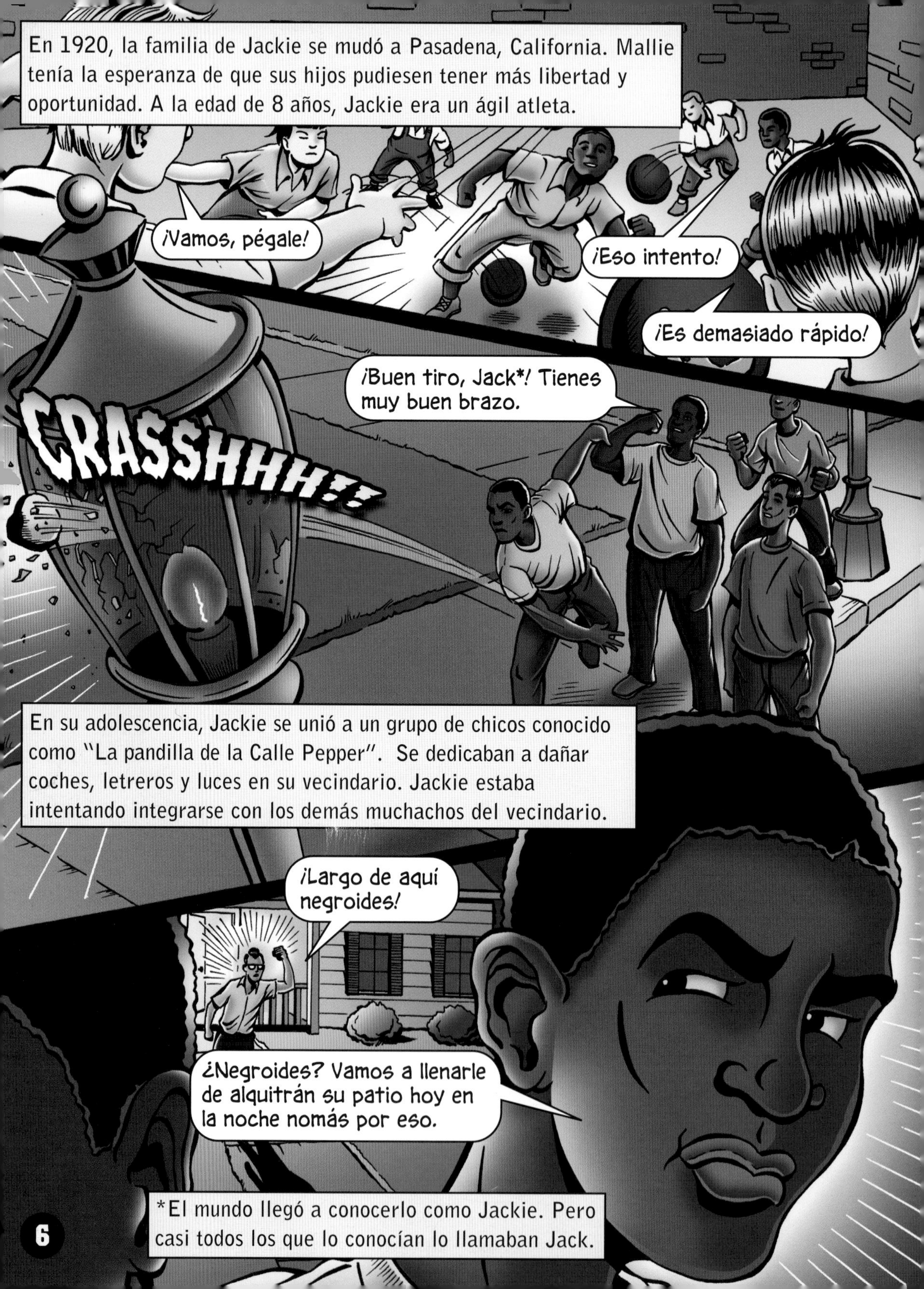
En 1920, la familia de Jackie se mudó a Pasadena, California. Mallie tenía la esperanza de que sus hijos pudiesen tener más libertad y oportunidad. A la edad de 8 años, Jackie era un ágil atleta.
¡Vamos, pégale!
¡Eso intento!
¡Es demasiado rápido!
¡Buen tiro, Jack*! Tienes muy buen brazo.
CRASSHHH!!
En su adolescencia, Jackie se unió a un grupo de chicos conocido como "La pandilla de la Calle Pepper". Se dedicaban a dañar coches, letreros y luces en su vecindario. Jackie estaba intentando integrarse con los demás muchachos del vecindario.
¡Largo de aquí negroides!
¿Negroides? Vamos a llenarle de alquitrán su patio hoy en la noche nomás por eso.
*El mundo llegó a conocerlo como Jackie. Pero casi todos los que lo conocían lo llamaban Jack.

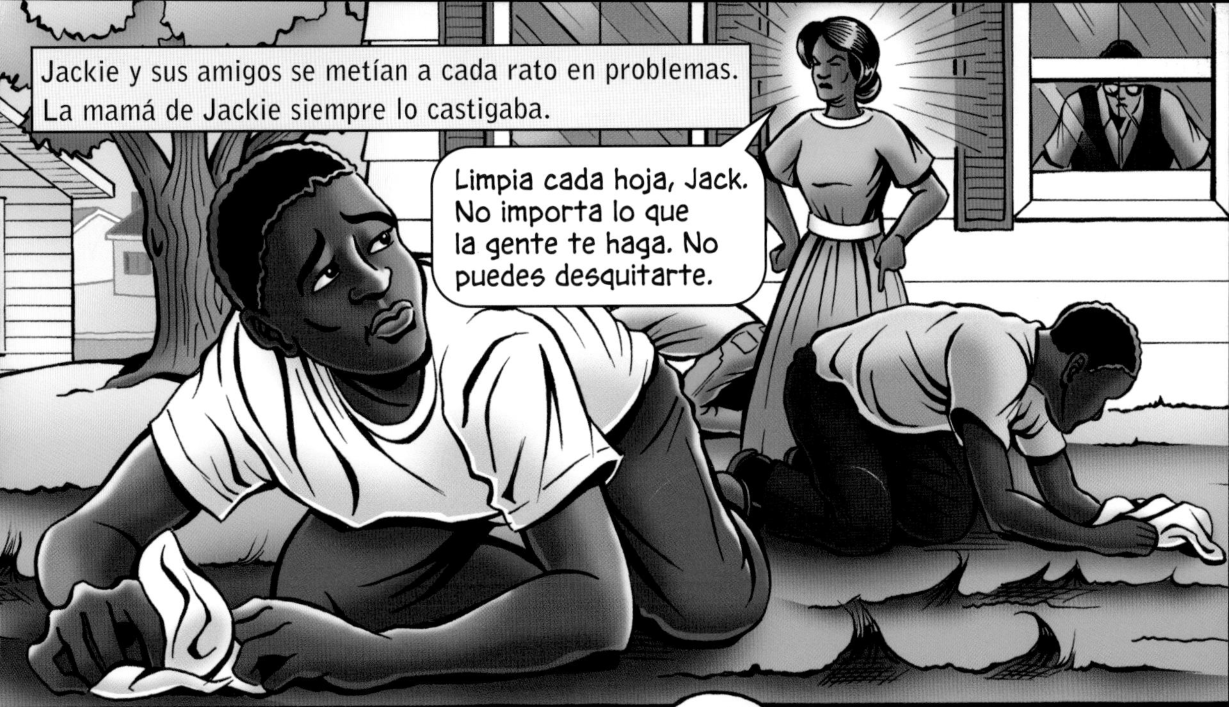
Jackie y sus amigos se metían a cada rato en problemas. La mamá de Jackie siempre lo castigaba.
Limpia cada hoja, Jack. No importa lo que la gente te haga. No puedes desquitarte.

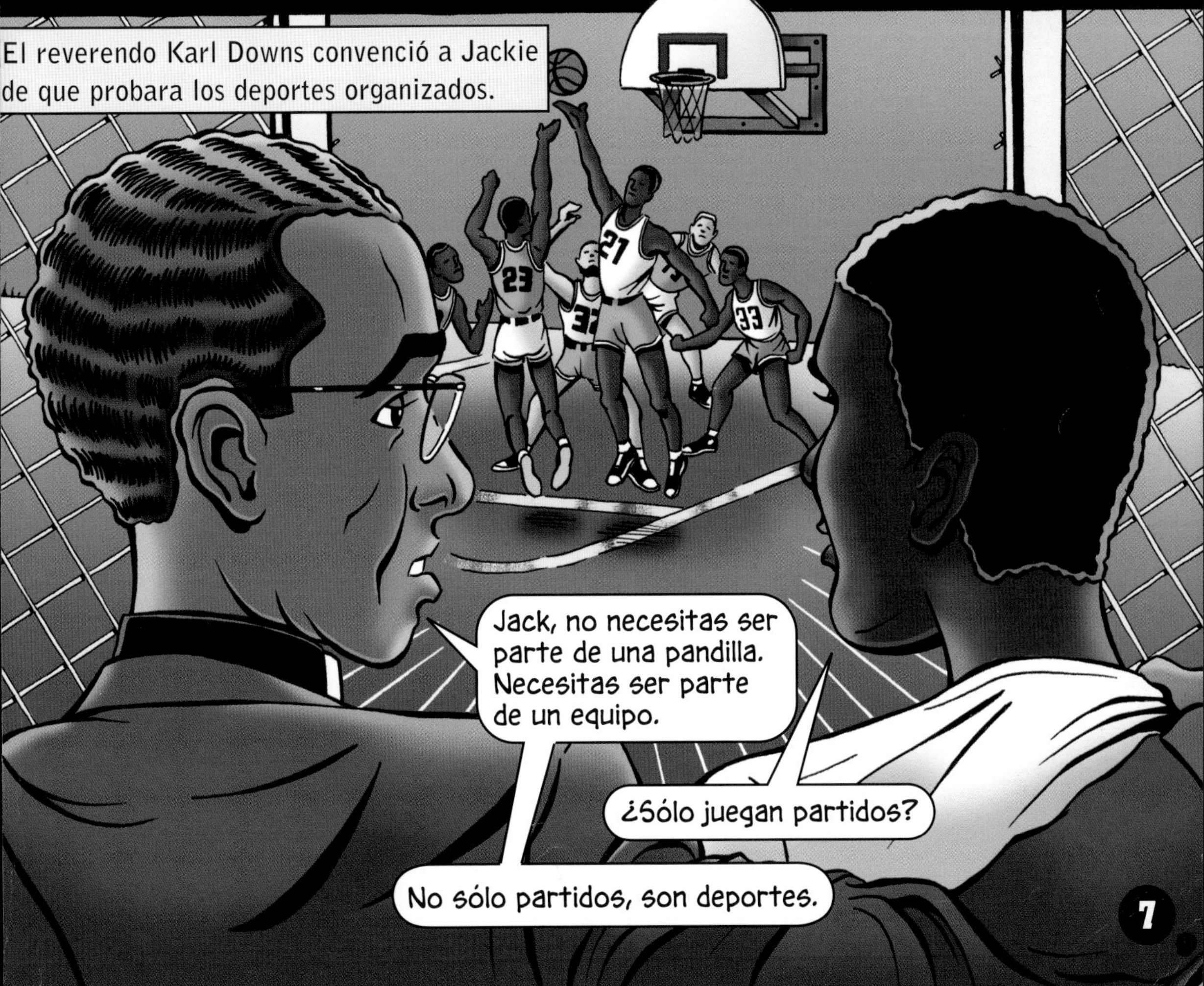
El reverendo Karl Downs convenció a Jackie de que probara los deportes organizados.
23
21
32
33
Jack, no necesitas ser parte de una pandilla. Necesitas ser parte de un equipo.
¿Sólo juegan partidos?
No sólo partidos, son deportes.

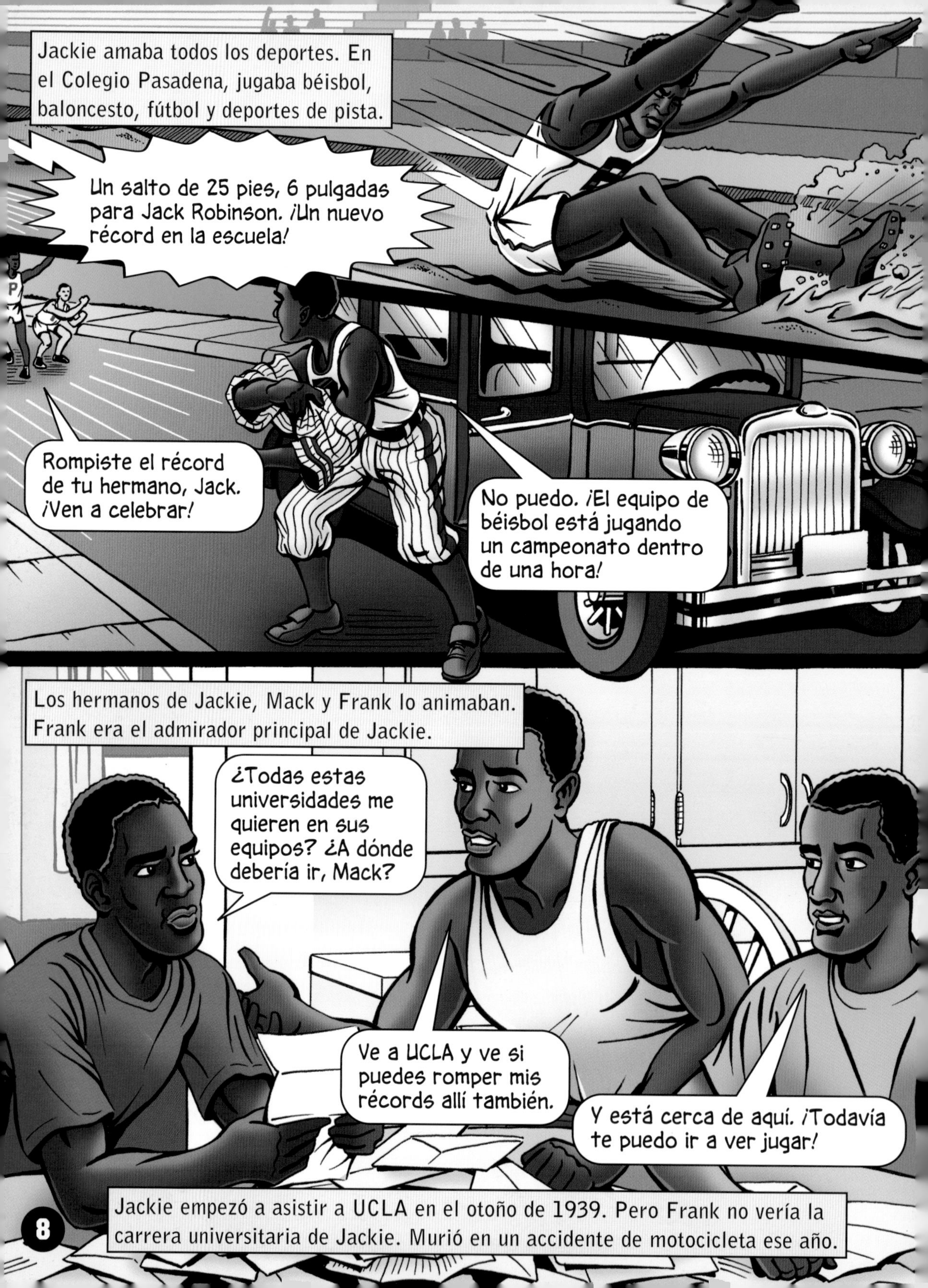
Jackie amaba todos los deportes. En el Colegio Pasadena, jugaba béisbol, baloncesto, fútbol y deportes de pista.
Un salto de 25 pies, 6 pulgadas para Jack Robinson. ¡Un nuevo récord en la escuela!
Rompiste el récord de tu hermano, Jack. ¡Ven a celebrar!
No puedo. ¡El equipo de béisbol está jugando un campeonato dentro de una hora!
Los hermanos de Jackie, Mack y Frank lo animaban. Frank era el admirador principal de Jackie.
¿Todas estas universidades me quieren en sus equipos? ¿A dónde debería ir, Mack?
Ve a UCLA y ve si puedes romper mis récords allí también.
Y está cerca de aquí. ¡Todavía te puedo ir a ver jugar!
Jackie empezó a asistir a UCLA en el otoño de 1939. Pero Frank no vería la carrera universitaria de Jackie. Murió en un accidente de motocicleta ese año.

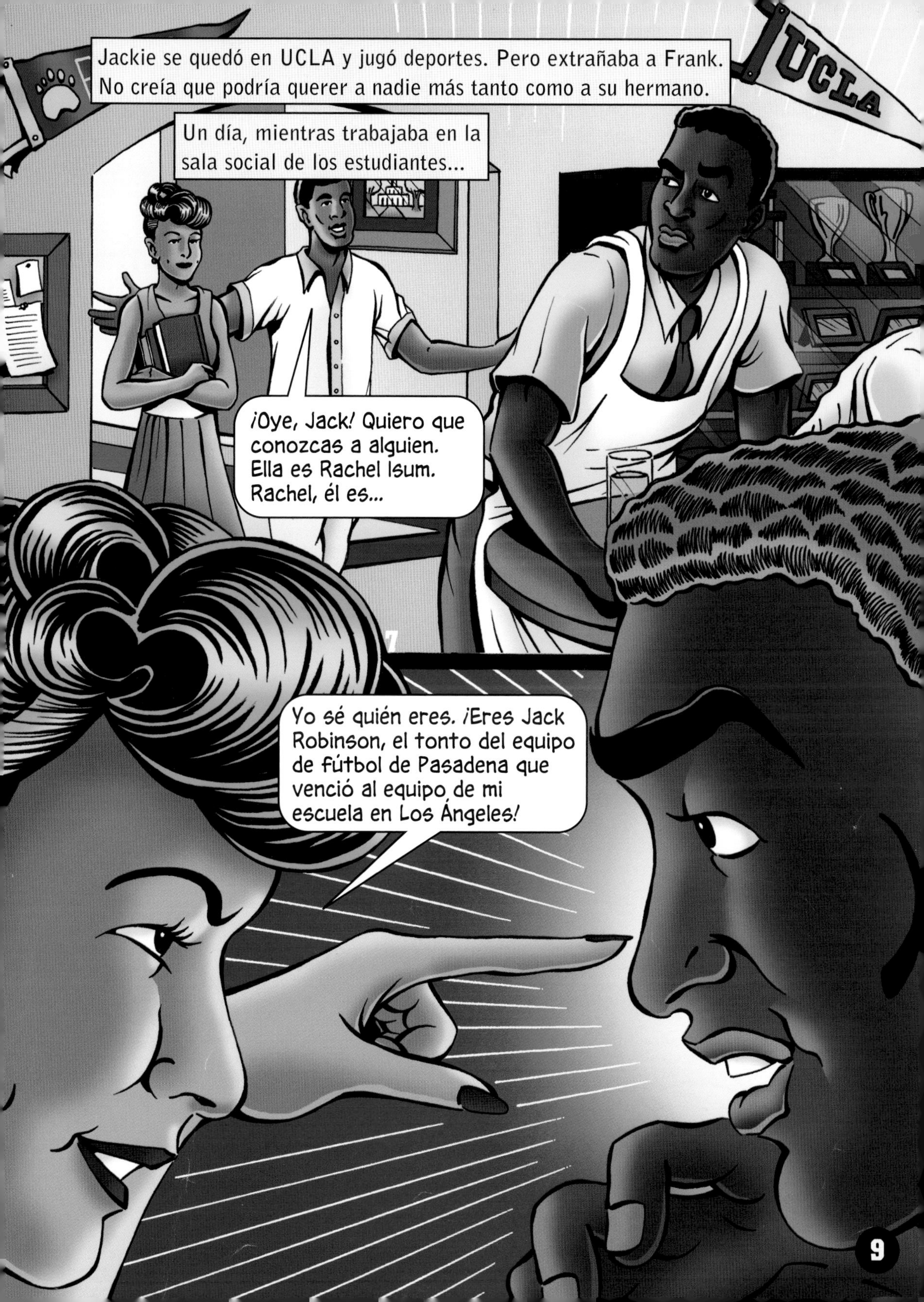
Jackie se quedó en UCLA y jugó deportes. Pero extrañaba a Frank. No creía que podría querer a nadie más tanto como a su hermano.
UCLA
Un día, mientras trabajaba en la sala social de los estudiantes...
¡Oye, Jack! Quiero que conozcas a alguien. Ella es Rachel Isum. Rachel, él es...
Yo sé quién eres. ¡Eres Jack Robinson, el tonto del equipo de fútbol de Pasadena que venció al equipo de mi escuela en Los Ángeles!

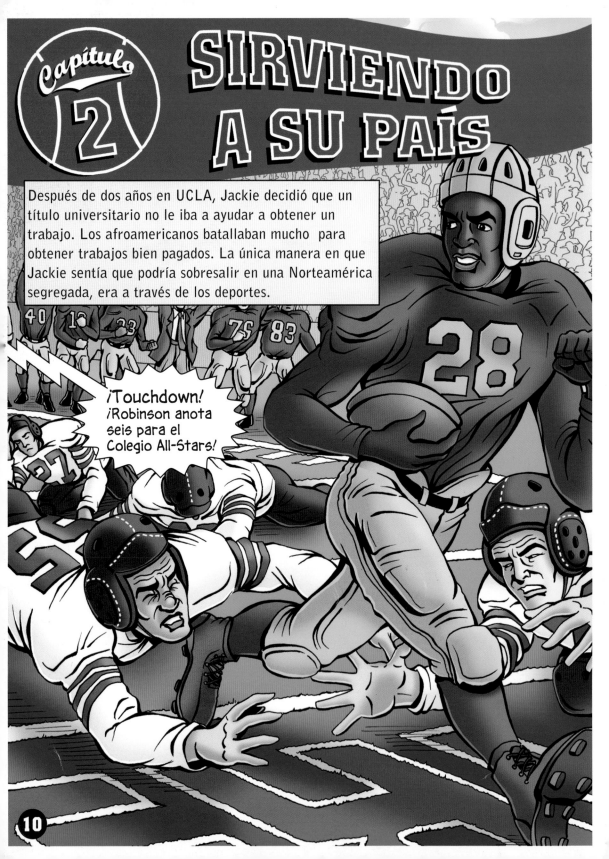

Capítulo 2

SIRVIENDO A SU PAÍS

Después de dos años en UCLA, Jackie decidió que un título universitario no le iba a ayudar a obtener un trabajo. Los afroamericanos batallaban mucho para obtener trabajos bien pagados. La única manera en que Jackie sentía que podría sobresalir en una Norteamérica segregada, era a través de los deportes.

¡Touchdown! ¡Robinson anota seis para el Colegio All-Stars!

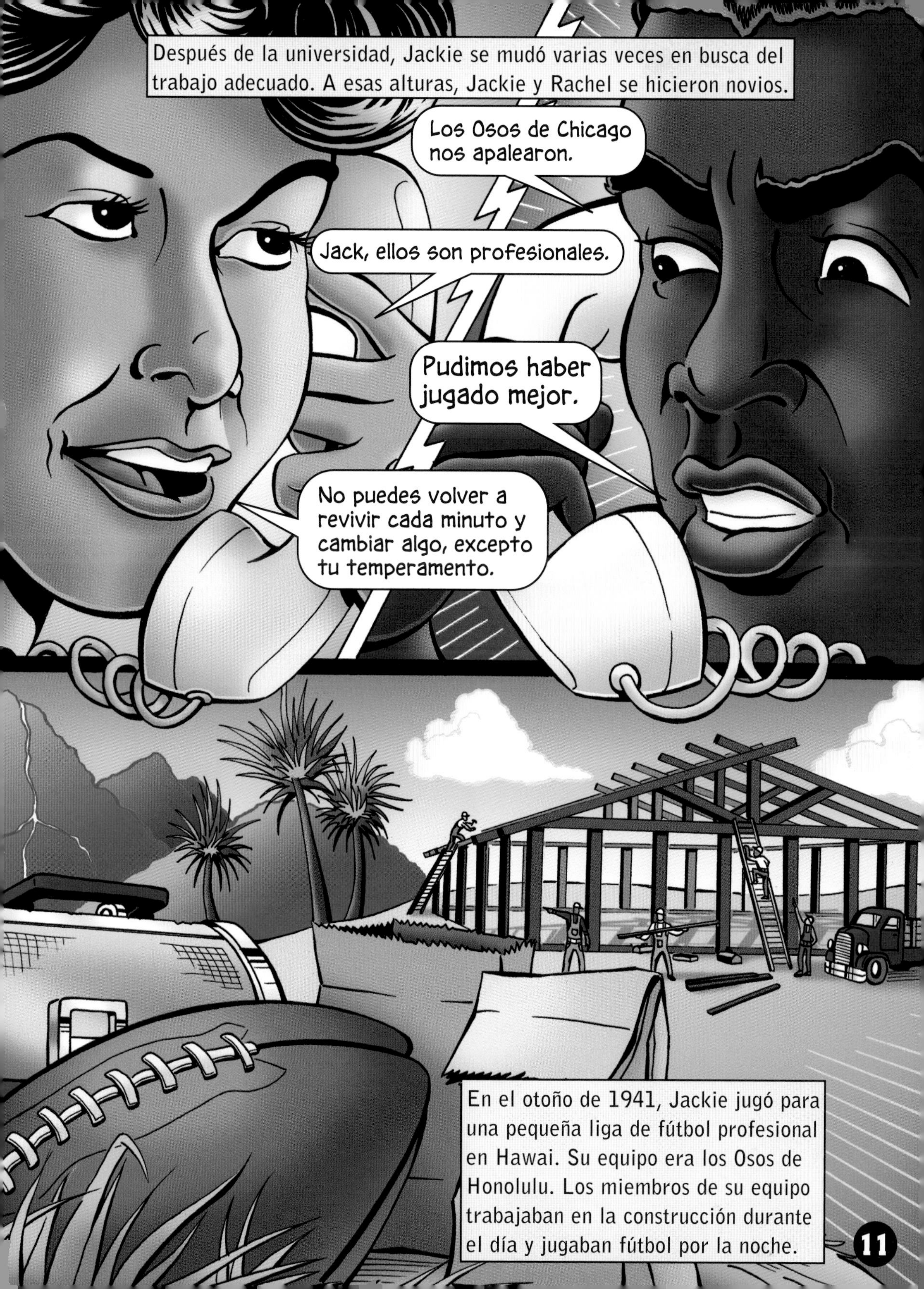
Después de la universidad, Jackie se mudó varias veces en busca del trabajo adecuado. A esas alturas, Jackie y Rachel se hicieron novios.
Los Osos de Chicago nos apalearon.
Jack, ellos son profesionales.
Pudimos haber jugado mejor.
No puedes volver a revivir cada minuto y cambiar algo, excepto tu temperamento.
En el otoño de 1941, Jackie jugó para una pequeña liga de fútbol profesional en Hawai. Su equipo era los Osos de Honolulu. Los miembros de su equipo trabajaban en la construcción durante el día y jugaban fútbol por la noche.

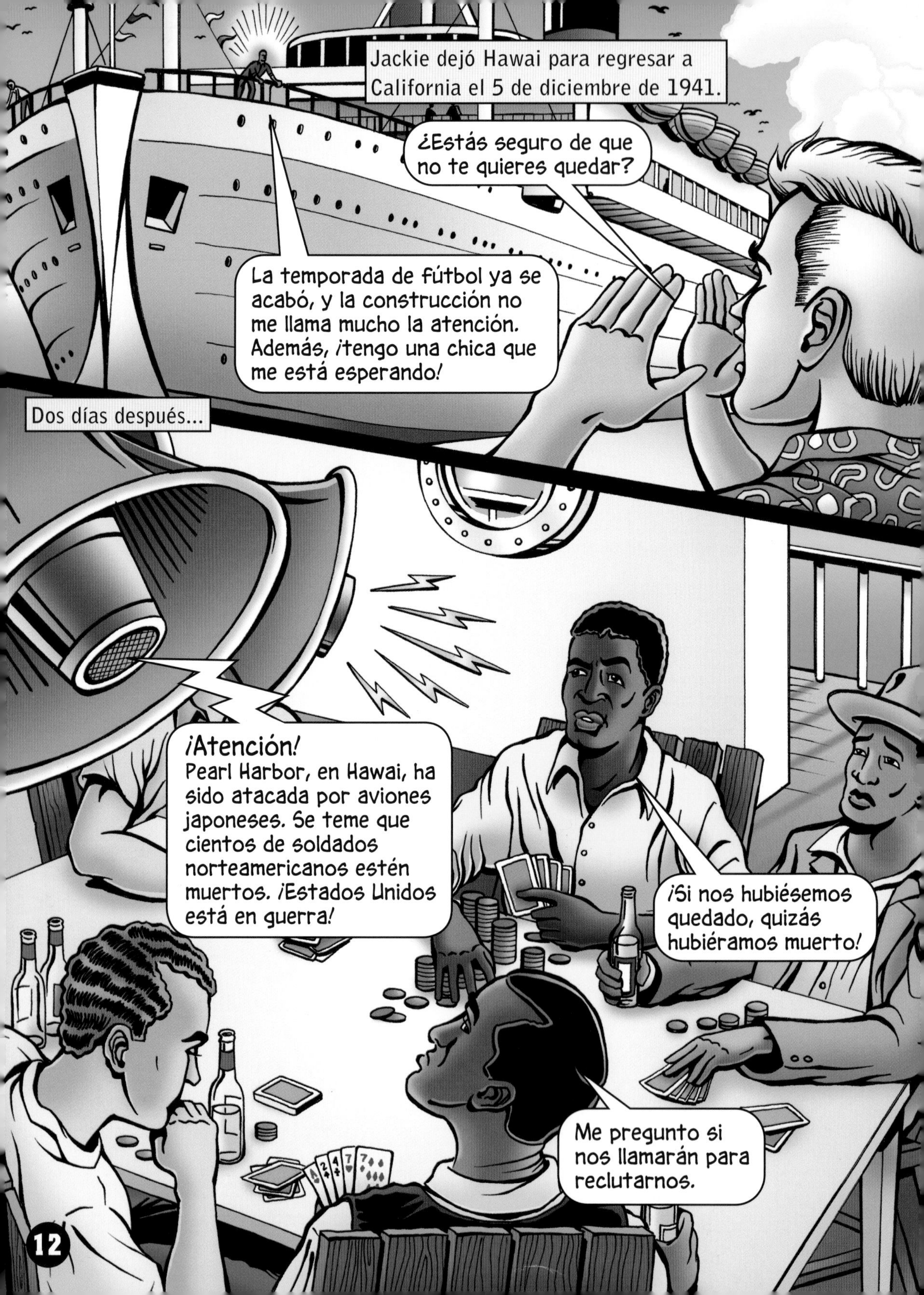
Jackie dejó Hawai para regresar a California el 5 de diciembre de 1941.
¿Estás seguro de que no te quieres quedar?
La temporada de fútbol ya se acabó, y la construcción no me llama mucho la atención. Además, ¡tengo una chica que me está esperando!
Dos días después...
¡Atención! Pearl Harbor, en Hawai, ha sido atacada por aviones japoneses. Se teme que cientos de soldados norteamericanos estén muertos. ¡Estados Unidos está en guerra!
¡Si nos hubiésemos quedado, quizás hubiéramos muerto!
Me pregunto si nos llamarán para reclutarnos.

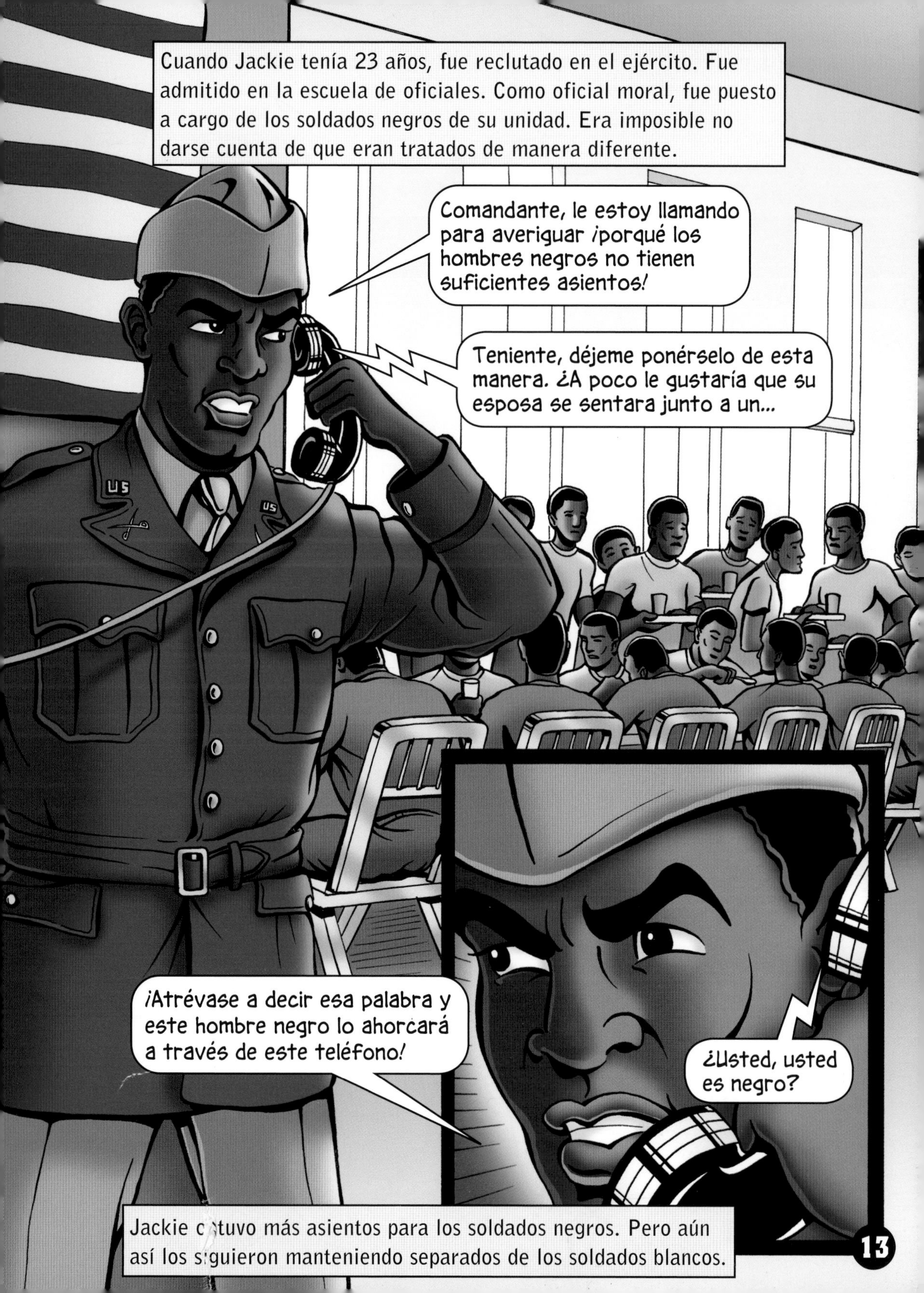
Cuando Jackie tenía 23 años, fue reclutado en el ejército. Fue admitido en la escuela de oficiales. Como oficial moral, fue puesto a cargo de los soldados negros de su unidad. Era imposible no darse cuenta de que eran tratados de manera diferente.
Comandante, le estoy llamando para averiguar ¡porqué los hombres negros no tienen suficientes asientos!
Teniente, déjeme ponérselo de esta manera. ¿A poco le gustaría que su esposa se sentara junto a un...
¡Atrévase a decir esa palabra y este hombre negro lo ahorcará a través de este teléfono!
¿Usted, usted es negro?
US
US
Jackie obtuvo más asientos para los soldados negros. Pero aún así los siguieron manteniendo separados de los soldados blancos.

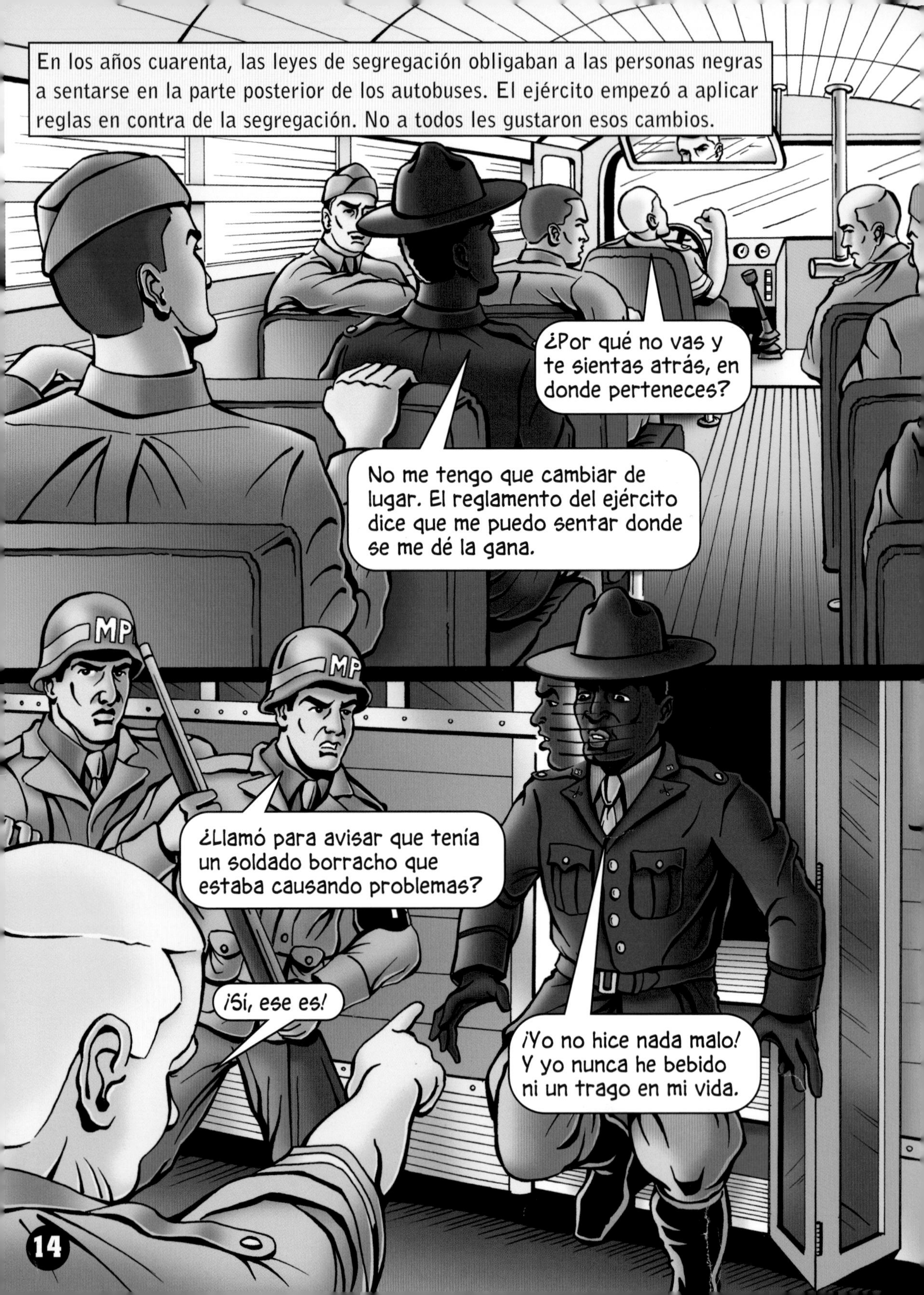
En los años cuarenta, las leyes de segregación obligaban a las personas negras a sentarse en la parte posterior de los autobuses. El ejército empezó a aplicar reglas en contra de la segregación. No a todos les gustaron esos cambios.
¿Por qué no vas y te sientas atrás, en donde perteneces?
No me tengo que cambiar de lugar. El reglamento del ejército dice que me puedo sentar donde se me dé la gana.
MP
MP
¿Llamó para avisar que tenía un soldado borracho que estaba causando problemas?
¡Sí, ese es!
¡Yo no hice nada malo! Y yo nunca he bebido ni un trago en mi vida.

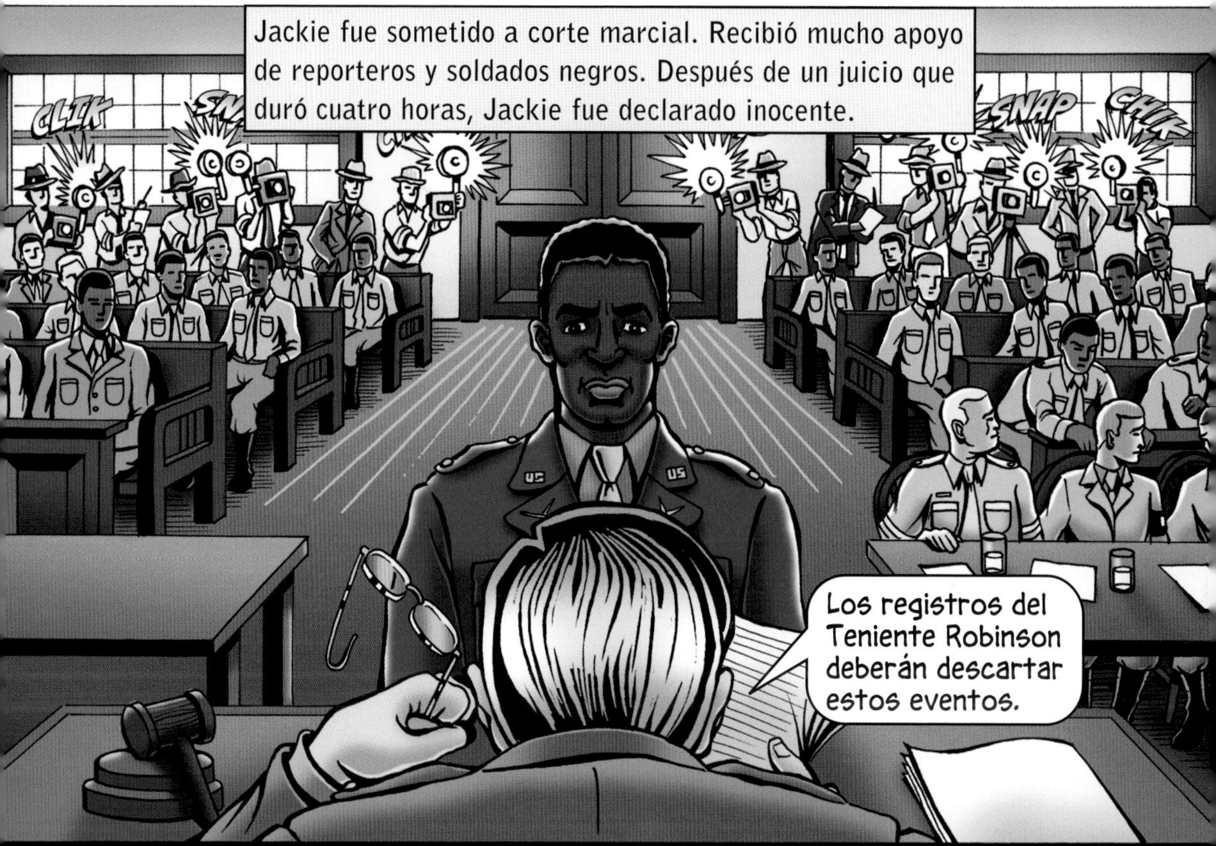
Jackie fue sometido a corte marcial. Recibió mucho apoyo de reporteros y soldados negros. Después de un juicio que duró cuatro horas, Jackie fue declarado inocente.
CLIK
SNAP
CHIK
Los registros del Teniente Robinson deberán descartar estos eventos.

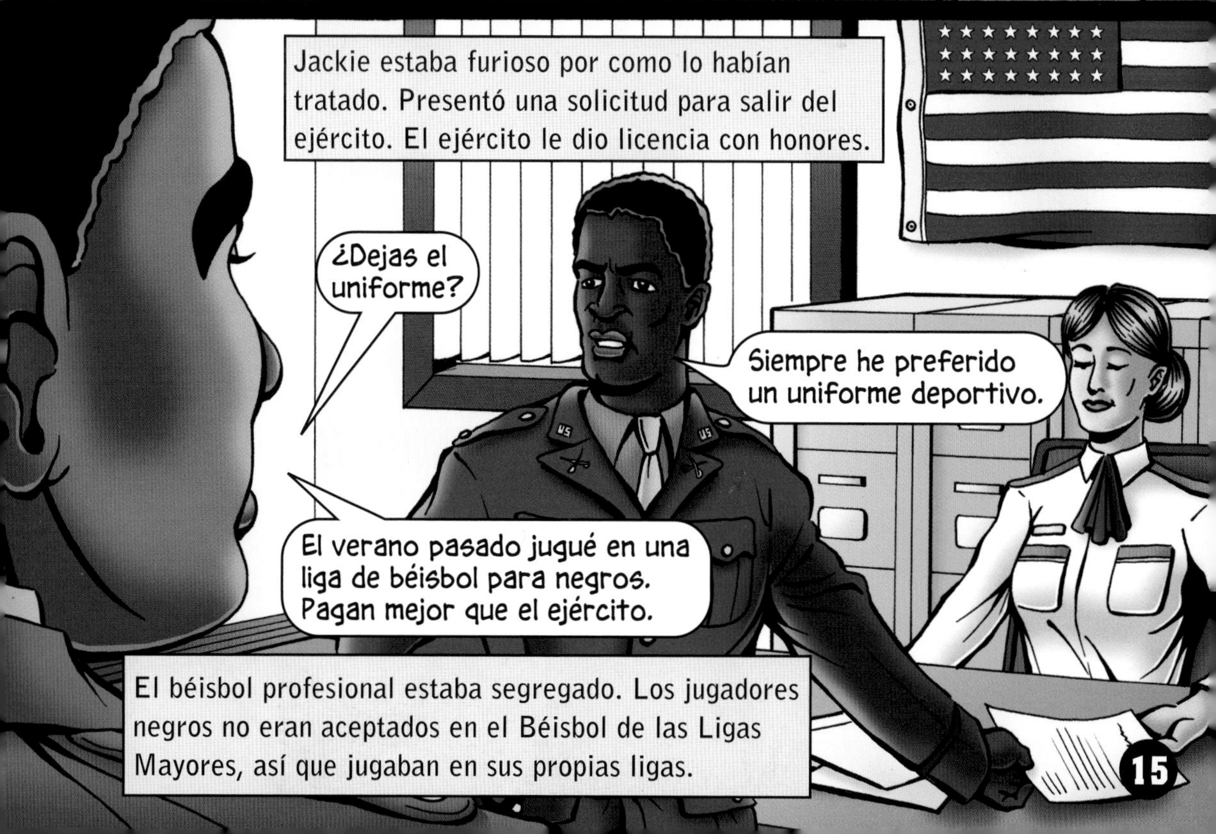
Jackie estaba furioso por como lo habían tratado. Presentó una solicitud para salir del ejército. El ejército le dio licencia con honores.
¿Dejas el uniforme?
Siempre he preferido un uniforme deportivo.
El verano pasado jugué en una liga de béisbol para negros. Pagan mejor que el ejército.
El béisbol profesional estaba segregado. Los jugadores negros no eran aceptados en el Béisbol de las Ligas Mayores, así que jugaban en sus propias ligas.

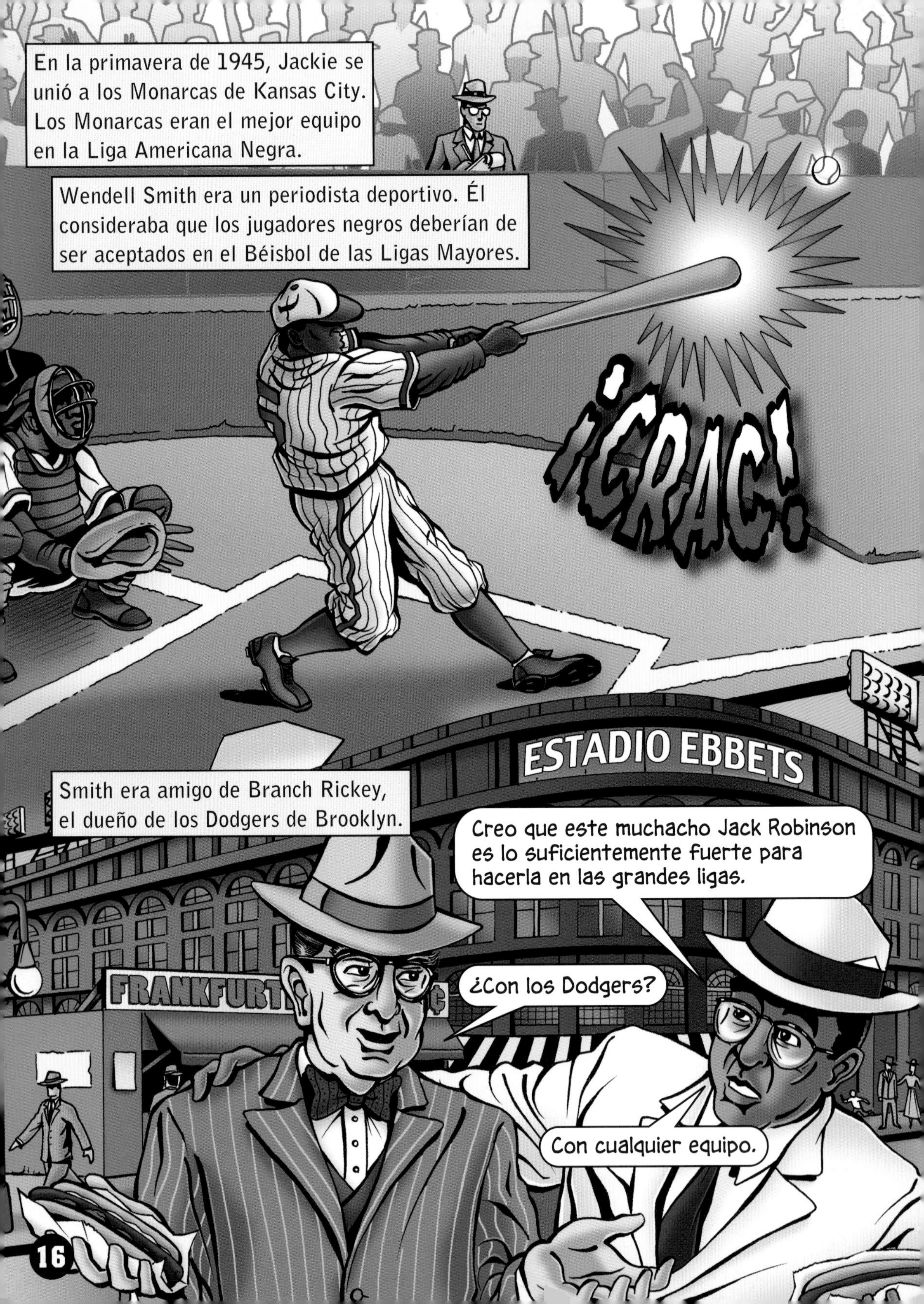
En la primavera de 1945, Jackie se unió a los Monarcas de Kansas City. Los Monarcas eran el mejor equipo en la Liga Americana Negra.
Wendell Smith era un periodista deportivo. Él consideraba que los jugadores negros deberían de ser aceptados en el Béisbol de las Ligas Mayores.
¡CRAC!
ESTADIO EBBETS
Smith era amigo de Branch Rickey, el dueño de los Dodgers de Brooklyn.
Creo que este muchacho Jack Robinson es lo suficientemente fuerte para hacerla en las grandes ligas.
FRANKFURT
¿Con los Dodgers?
Con cualquier equipo.

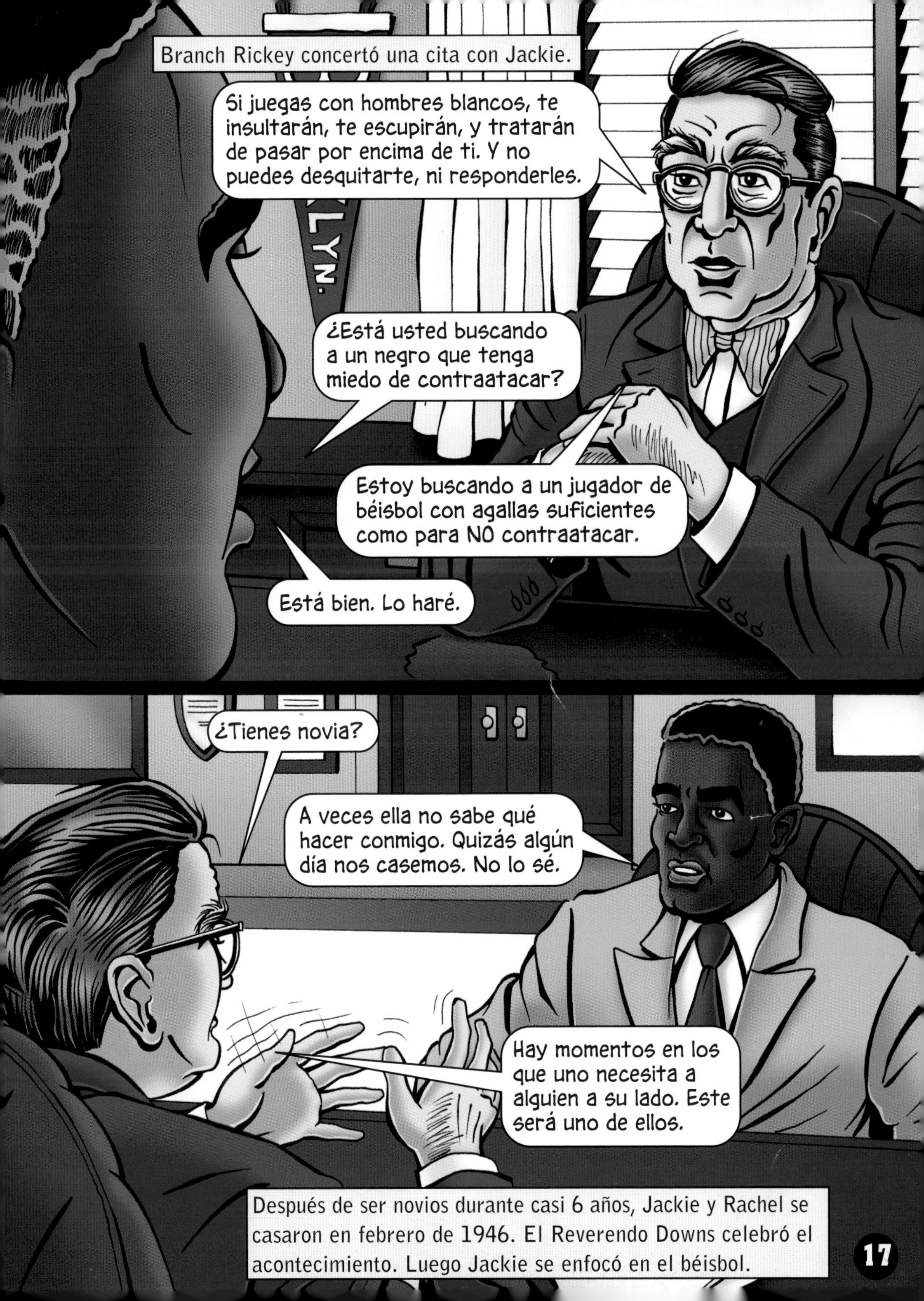
Branch Rickey concertó una cita con Jackie.
Si juegas con hombres blancos, te insultarán, te escupirán, y tratarán de pasar por encima de ti. Y no puedes desquitarte, ni responderles.
¿Está usted buscando a un negro que tenga miedo de contraatacar?
Estoy buscando a un jugador de béisbol con agallas suficientes como para NO contraatacar.
Está bien. Lo haré.
KLYN.
¿Tienes novia?
A veces ella no sabe qué hacer conmigo. Quizás algún día nos casemos. No lo sé.
Hay momentos en los que uno necesita a alguien a su lado. Este será uno de ellos.
Después de ser novios durante casi 6 años, Jackie y Rachel se casaron en febrero de 1946. El Reverendo Downs celebró el acontecimiento. Luego Jackie se enfocó en el béisbol.

Capítulo 3

INTEGRACIÓN DEL BÉISBOL

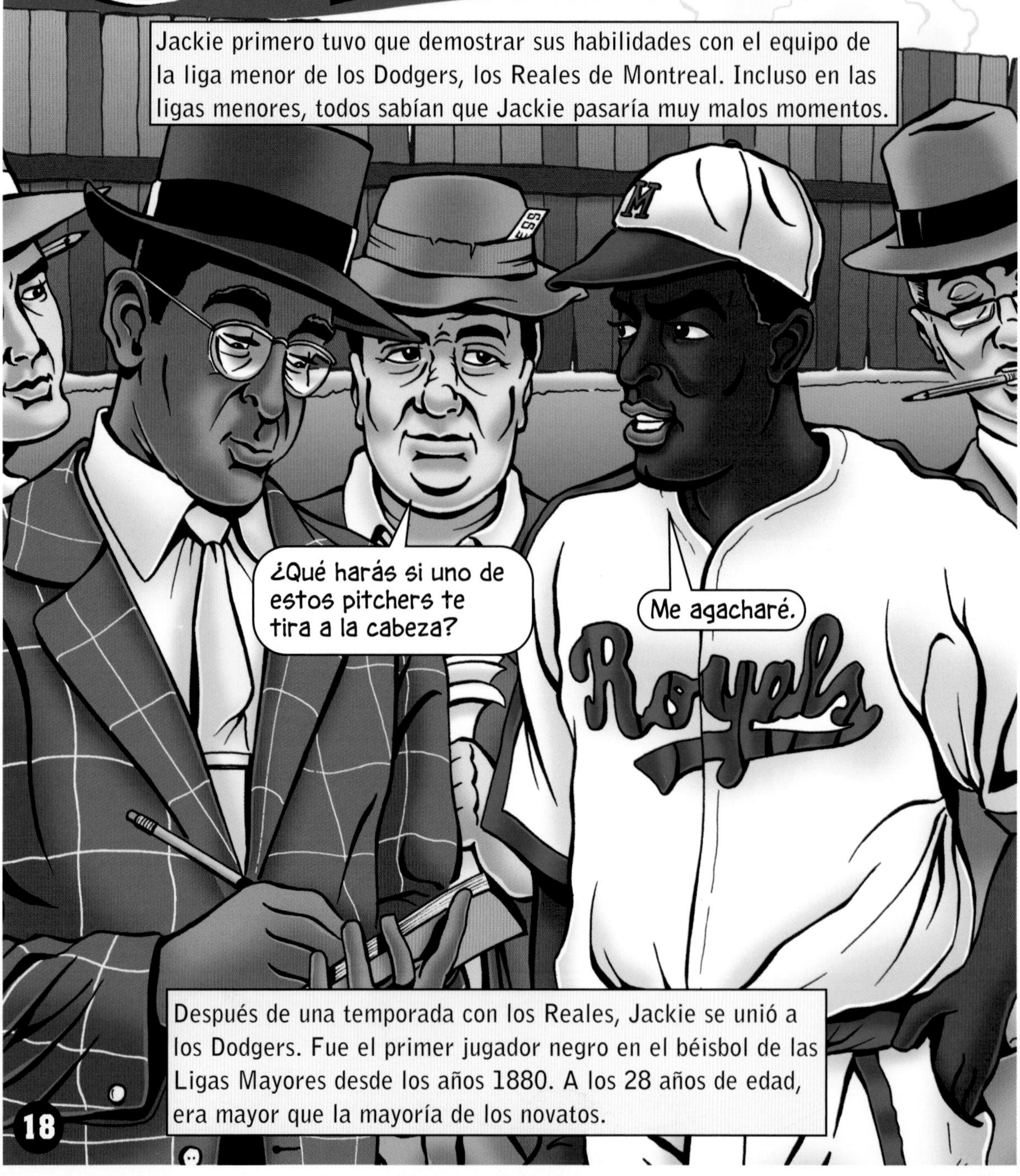

Jackie primero tuvo que demostrar sus habilidades con el equipo de la liga menor de los Dodgers, los Reales de Montreal. Incluso en las ligas menores, todos sabían que Jackie pasaría muy malos momentos.
¿Qué harás si uno de estos pitchers te tira a la cabeza?
Me agacharé.
Royals
Después de una temporada con los Reales, Jackie se unió a los Dodgers. Fue el primer jugador negro en el béisbol de las Ligas Mayores desde los años 1880. A los 28 años de edad, era mayor que la mayoría de los novatos.

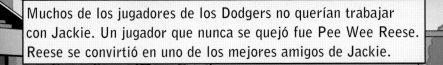

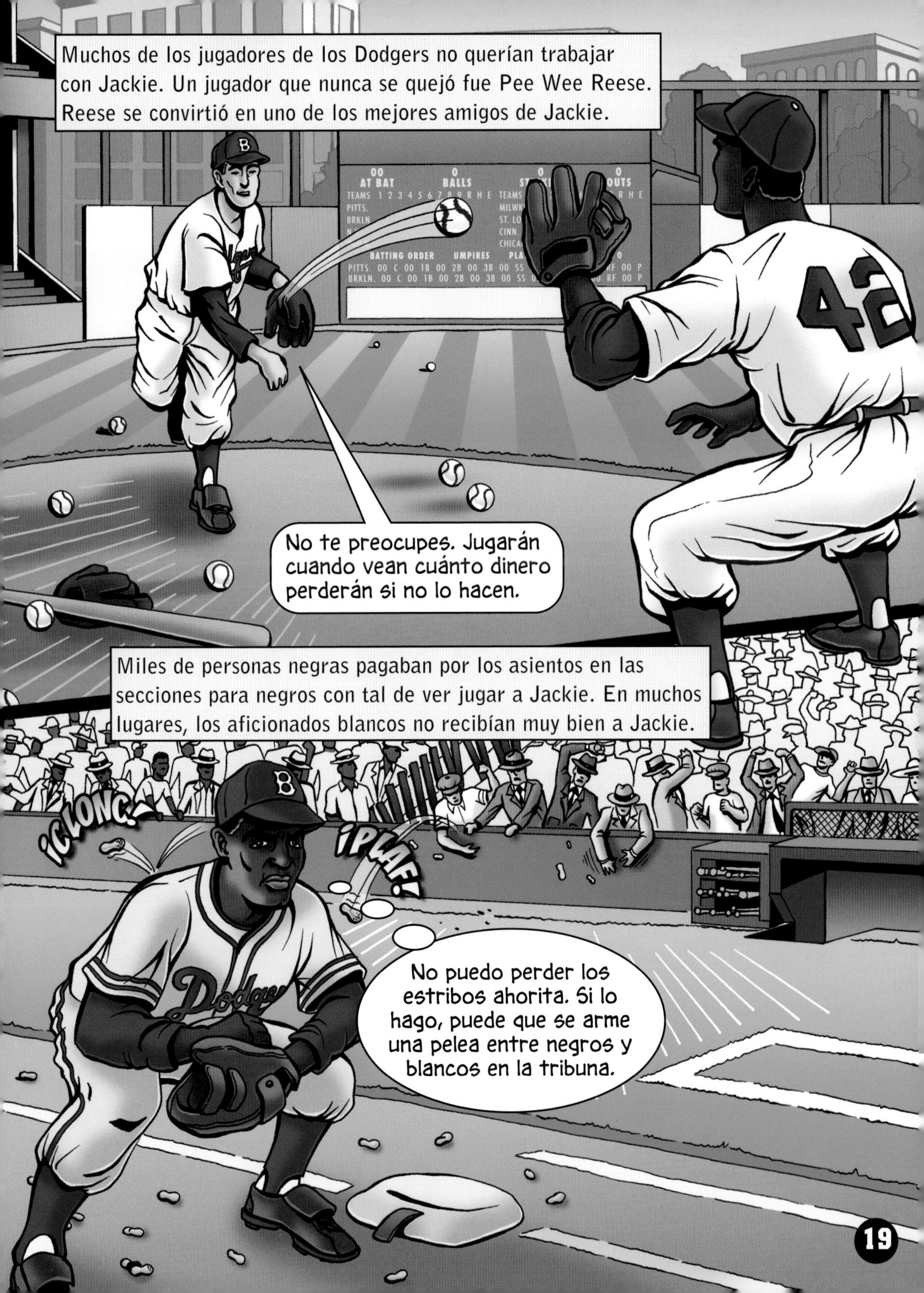

Muchos de los jugadores de los Dodgers no querían trabajar con Jackie. Un jugador que nunca se quejó fue Pee Wee Reese. Reese se convirtió en uno de los mejores amigos de Jackie.

No te preocupes. Jugarán cuando vean cuánto dinero perderán si no lo hacen.

Miles de personas negras pagaban por los asientos en las secciones para negros con tal de ver jugar a Jackie. En muchos lugares, los aficionados blancos no recibían muy bien a Jackie.

¡CLONC!

¡PLAF!

No puedo perder los estribos ahorita. Si lo hago, puede que se arme una pelea entre negros y blancos en la tribuna.

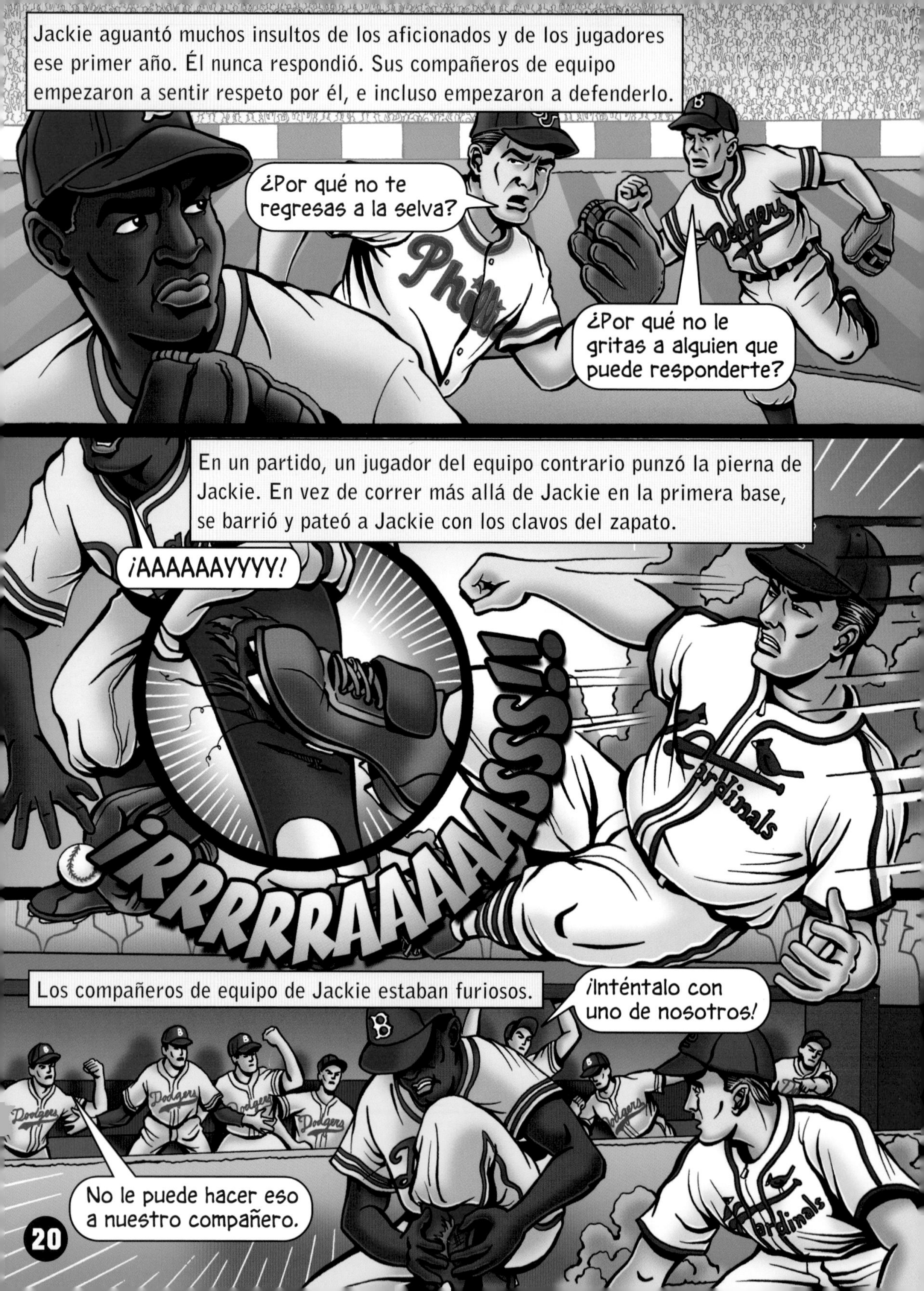
Jackie aguantó muchos insultos de los aficionados y de los jugadores ese primer año. Él nunca respondió. Sus compañeros de equipo empezaron a sentir respeto por él, e incluso empezaron a defenderlo.
¿Por qué no te regresas a la selva?
¿Por qué no le gritas a alguien que puede responderte?
En un partido, un jugador del equipo contrario punzó la pierna de Jackie. En vez de correr más allá de Jackie en la primera base, se barrió y pateó a Jackie con los clavos del zapato.
¡AAAAAAYYYY!
¡RRRRRAAAAASSS!!
Los compañeros de equipo de Jackie estaban furiosos.
¡Inténtalo con uno de nosotros!
No le puede hacer eso a nuestro compañero.

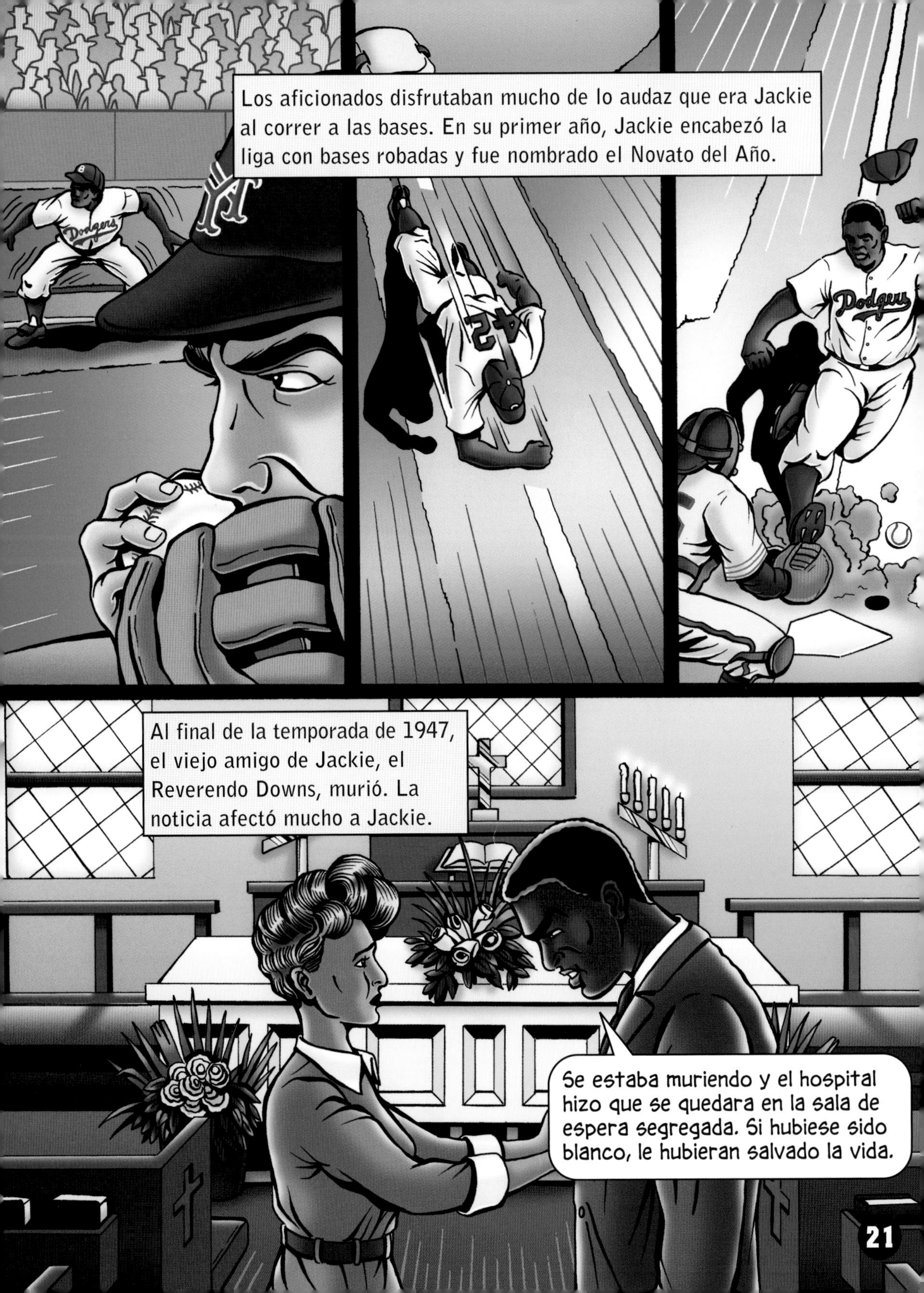
Los aficionados disfrutaban mucho de lo audaz que era Jackie al correr a las bases. En su primer año, Jackie encabezó la liga con bases robadas y fue nombrado el Novato del Año.
Al final de la temporada de 1947, el viejo amigo de Jackie, el Reverendo Downs, murió. La noticia afectó mucho a Jackie.
Se estaba muriendo y el hospital hizo que se quedara en la sala de espera segregada. Si hubiese sido blanco, le hubieran salvado la vida.

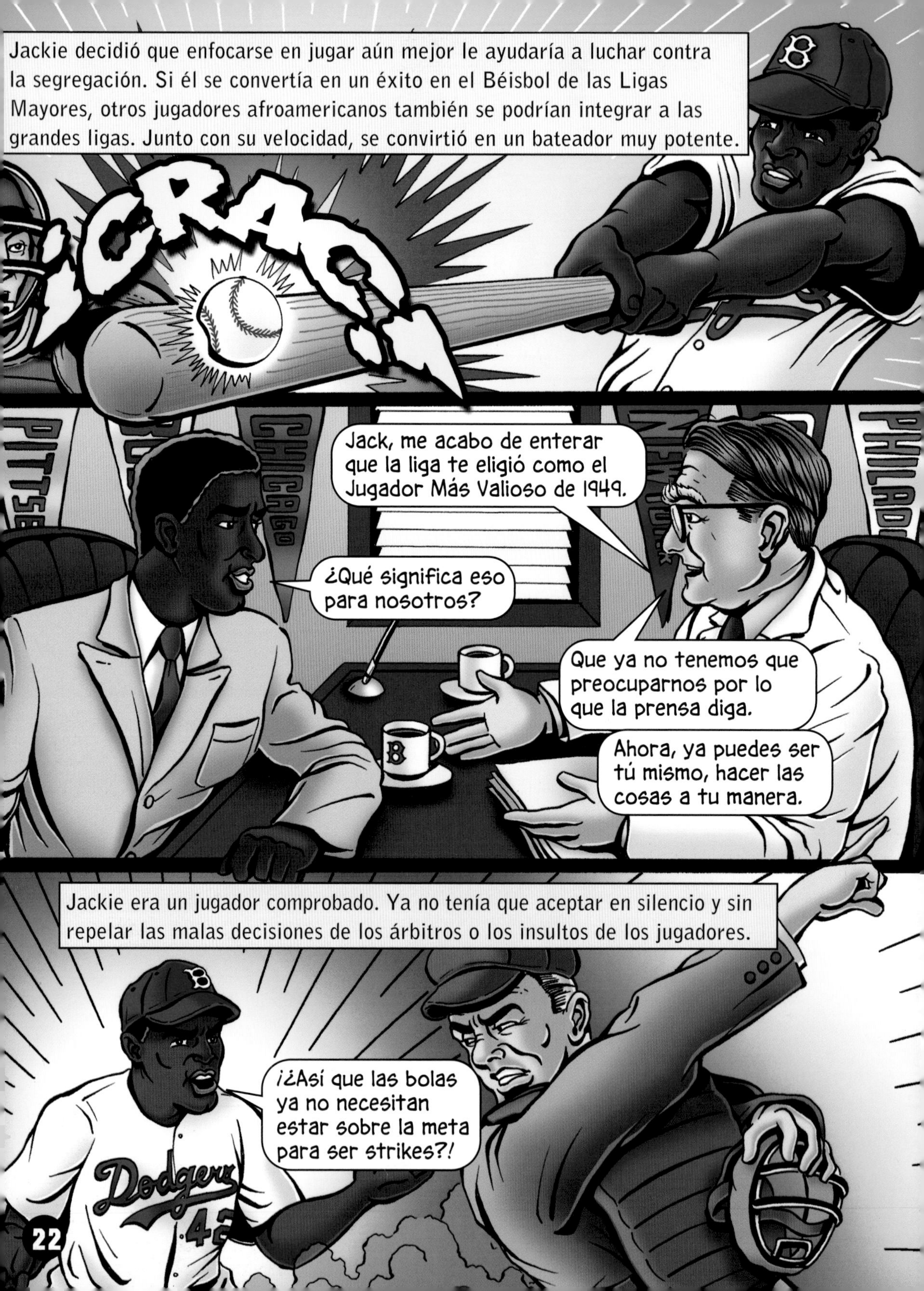
Jackie decidió que enfocarse en jugar aún mejor le ayudaría a luchar contra la segregación. Si él se convertía en un éxito en el Béisbol de las Ligas Mayores, otros jugadores afroamericanos también se podrían integrar a las grandes ligas. Junto con su velocidad, se convirtió en un bateador muy potente.
¡CRAC!
CHICAGO
Jack, me acabo de enterar que la liga te eligió como el Jugador Más Valioso de 1949.
¿Qué significa eso para nosotros?
Que ya no tenemos que preocuparnos por lo que la prensa diga.
Ahora, ya puedes ser tú mismo, hacer las cosas a tu manera.
Jackie era un jugador comprobado. Ya no tenía que aceptar en silencio y sin repelar las malas decisiones de los árbitros o los insultos de los jugadores.
¡¿Así que las bolas ya no necesitan estar sobre la meta para ser strikes?!
Dodgers
42

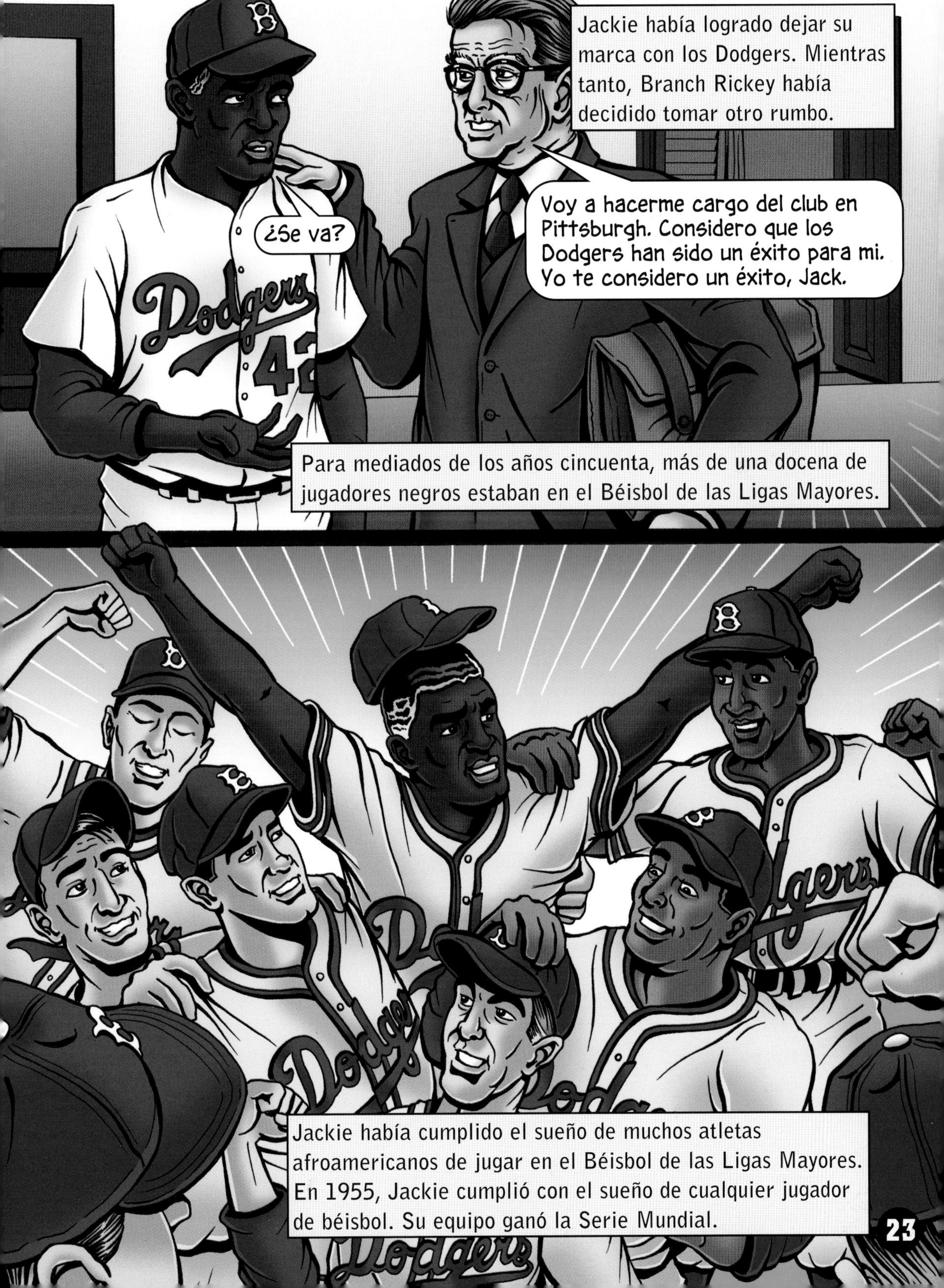
Jackie había logrado dejar su marca con los Dodgers. Mientras tanto, Branch Rickey había decidido tomar otro rumbo.
Voy a hacerme cargo del club en Pittsburgh. Considero que los Dodgers han sido un éxito para mi. Yo te considero un éxito, Jack.
¿Se va?
Para mediados de los años cincuenta, más de una docena de jugadores negros estaban en el Béisbol de las Ligas Mayores.
Jackie había cumplido el sueño de muchos atletas afroamericanos de jugar en el Béisbol de las Ligas Mayores. En 1955, Jackie cumplió con el sueño de cualquier jugador de béisbol. Su equipo ganó la Serie Mundial.

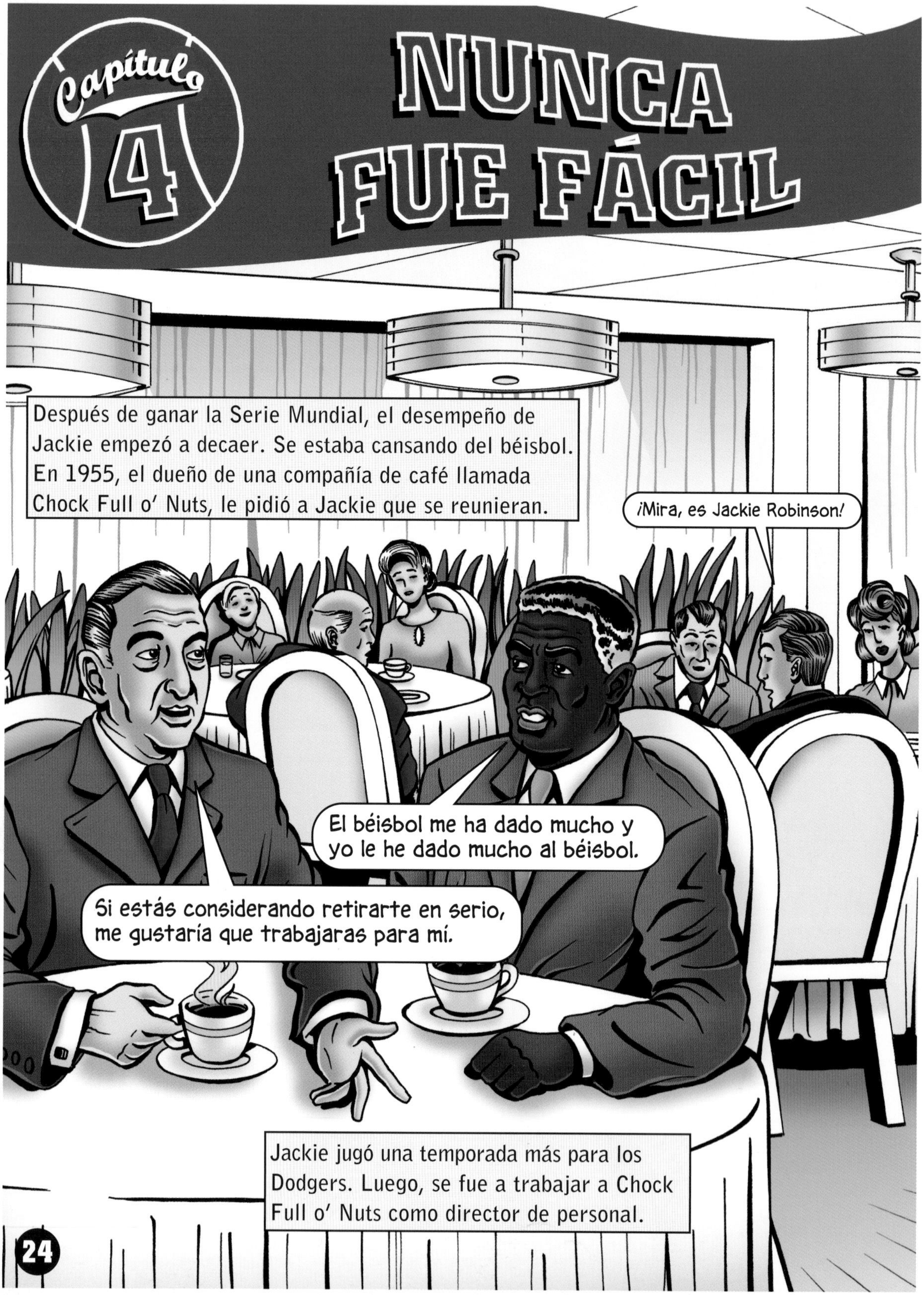
Capítulo 4
NUNCA FUE FÁCIL
Después de ganar la Serie Mundial, el desempeño de Jackie empezó a decaer. Se estaba cansando del béisbol. En 1955, el dueño de una compañía de café llamada Chock Full o' Nuts, le pidió a Jackie que se reunieran.
¡Mira, es Jackie Robinson!
El béisbol me ha dado mucho y yo le he dado mucho al béisbol.
Si estás considerando retirarte en serio, me gustaría que trabajaras para mí.
Jackie jugó una temporada más para los Dodgers. Luego, se fue a trabajar a Chock Full o' Nuts como director de personal.

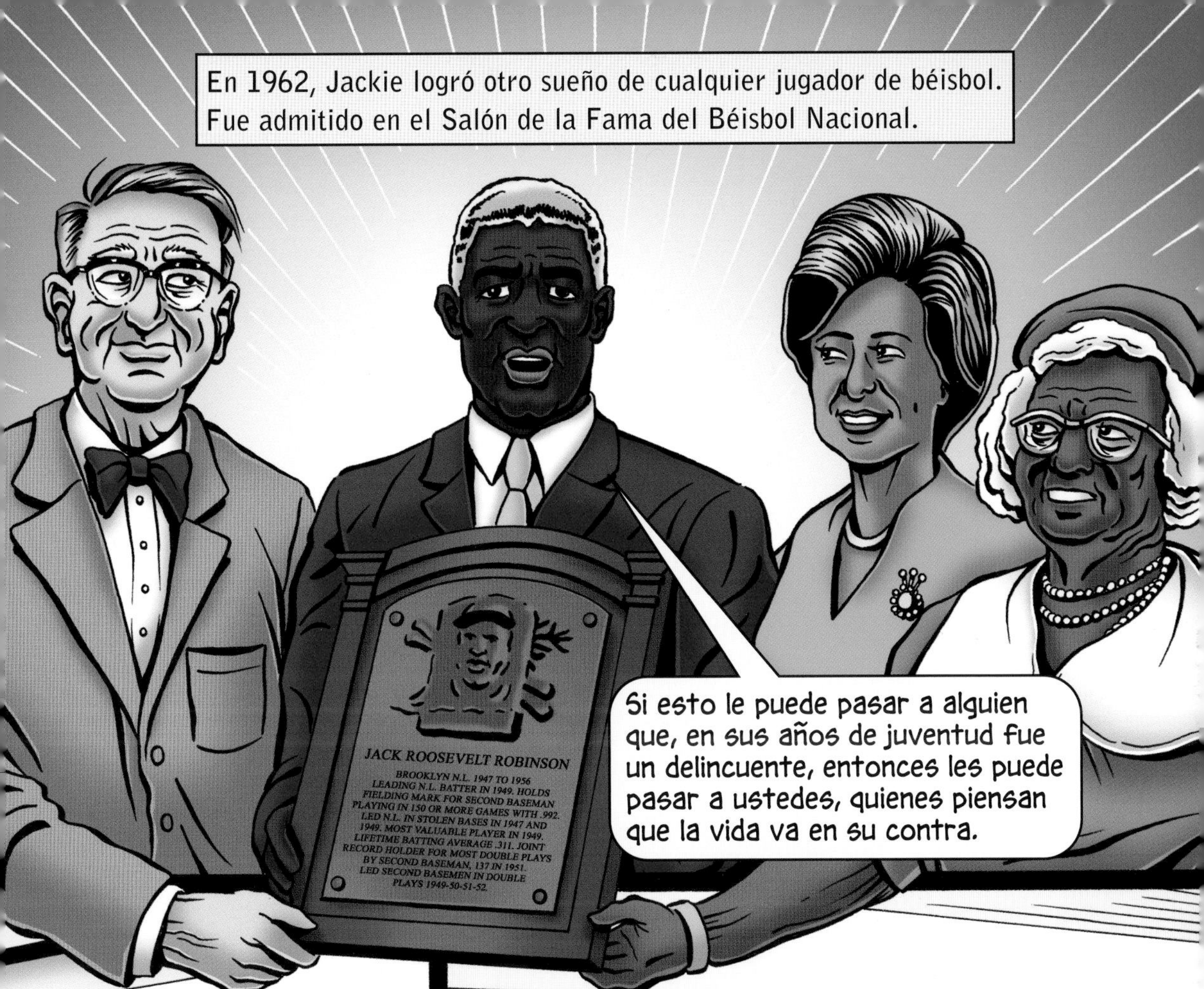
En 1962, Jackie logró otro sueño de cualquier jugador de béisbol. Fue admitido en el Salón de la Fama del Béisbol Nacional.
JACK ROOSEVELT ROBINSON
BROOKLYN N.L. 1947 TO 1956 LEADING N.L. BATTER IN 1949. HOLDS FIELDING MARK FOR SECOND BASEMAN PLAYING IN 150 OR MORE GAMES WITH .992. LED N.L. IN STOLEN BASES IN 1947 AND 1949. MOST VALUABLE PLAYER IN 1949. LIFETIME BATTING AVERAGE .311. JOINT RECORD HOLDER FOR MOST DOUBLE PLAYS BY SECOND BASEMAN, 137 IN 1951. LED SECOND BASEMEN IN DOUBLE PLAYS 1949-50-51-52.
Si esto le puede pasar a alguien que, en sus años de juventud fue un delincuente, entonces les puede pasar a ustedes, quienes piensan que la vida va en su contra.

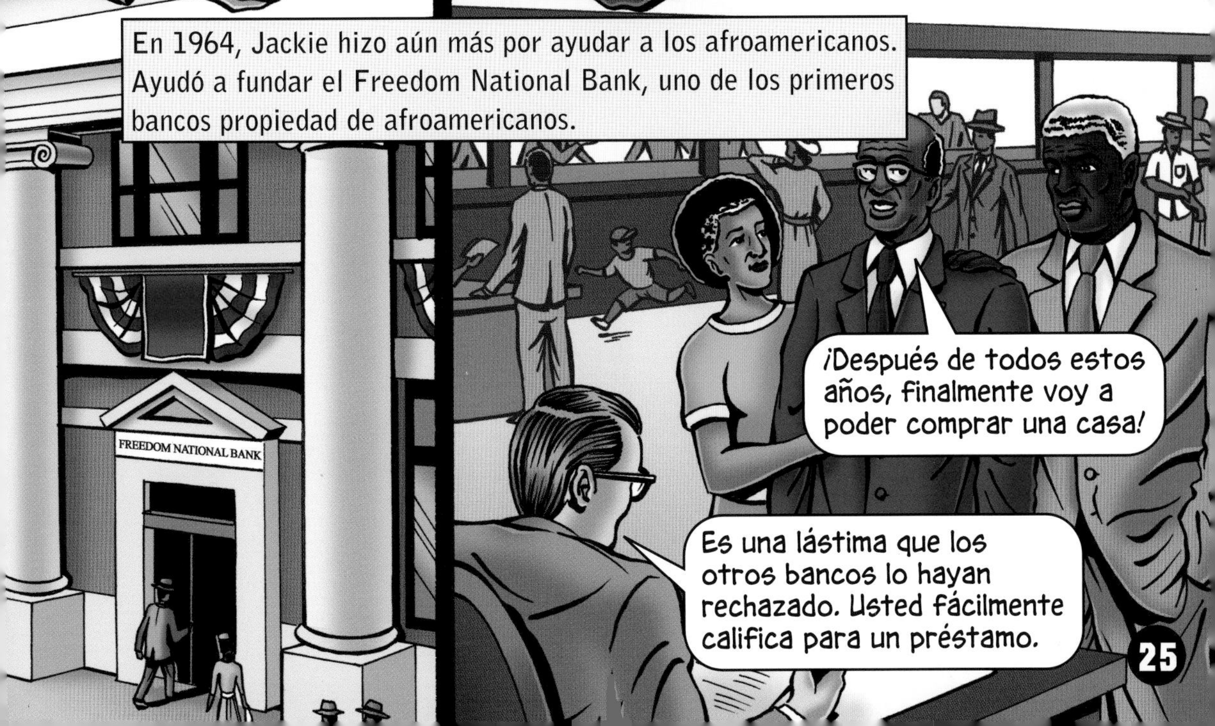
En 1964, Jackie hizo aún más por ayudar a los afroamericanos. Ayudó a fundar el Freedom National Bank, uno de los primeros bancos propiedad de afroamericanos.
FREEDOM NATIONAL BANK
¡Después de todos estos años, finalmente voy a poder comprar una casa!
Es una lástima que los otros bancos lo hayan rechazado. Usted fácilmente califica para un préstamo.

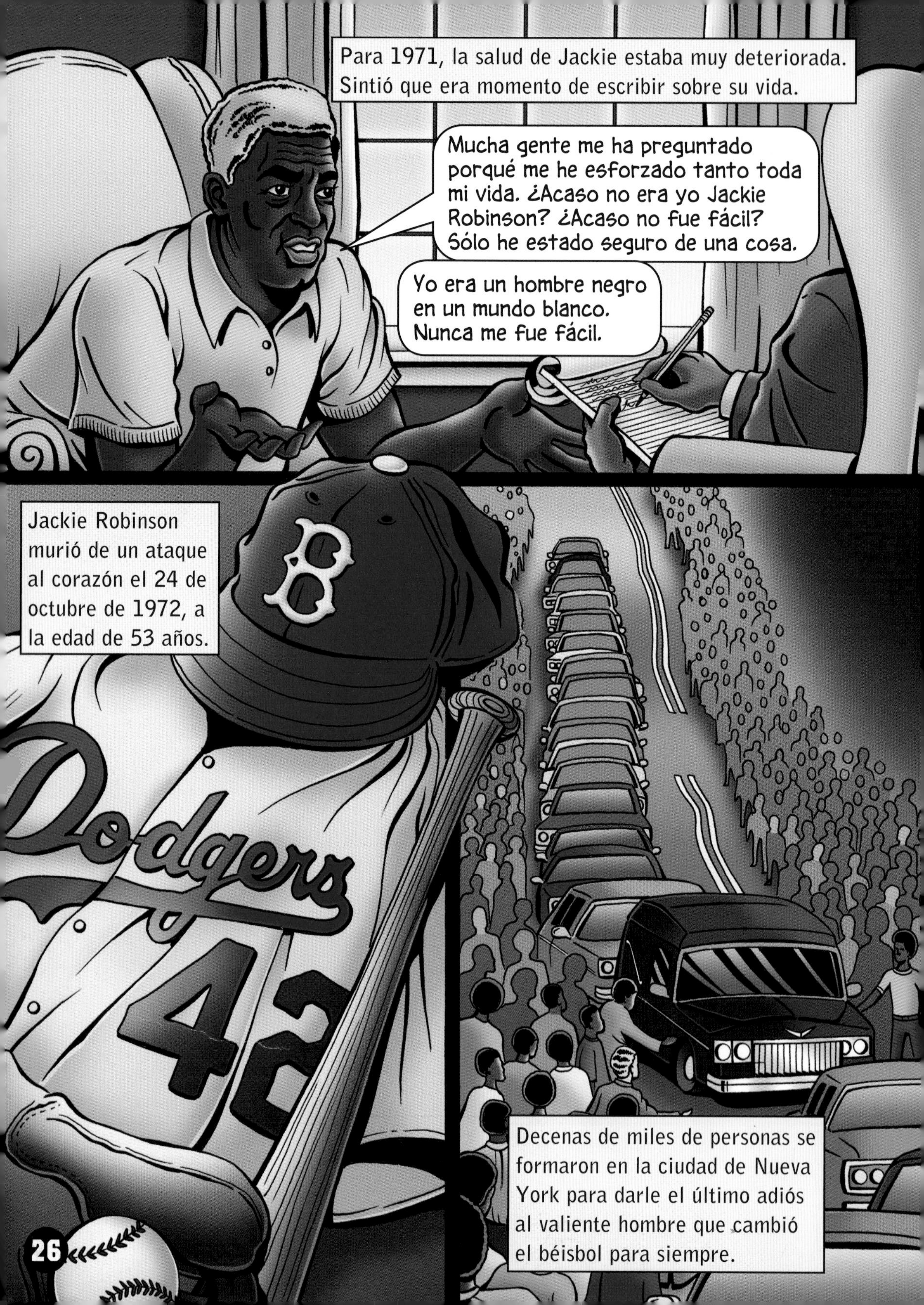
Para 1971, la salud de Jackie estaba muy deteriorada. Sintió que era momento de escribir sobre su vida.
Mucha gente me ha preguntado porqué me he esforzado tanto toda mi vida. ¿Acaso no era yo Jackie Robinson? ¿Acaso no fue fácil? Sólo he estado seguro de una cosa.
Yo era un hombre negro en un mundo blanco. Nunca me fue fácil.
Jackie Robinson murió de un ataque al corazón el 24 de octubre de 1972, a la edad de 53 años.
Dodgers
42
Decenas de miles de personas se formaron en la ciudad de Nueva York para darle el último adiós al valiente hombre que cambió el béisbol para siempre.

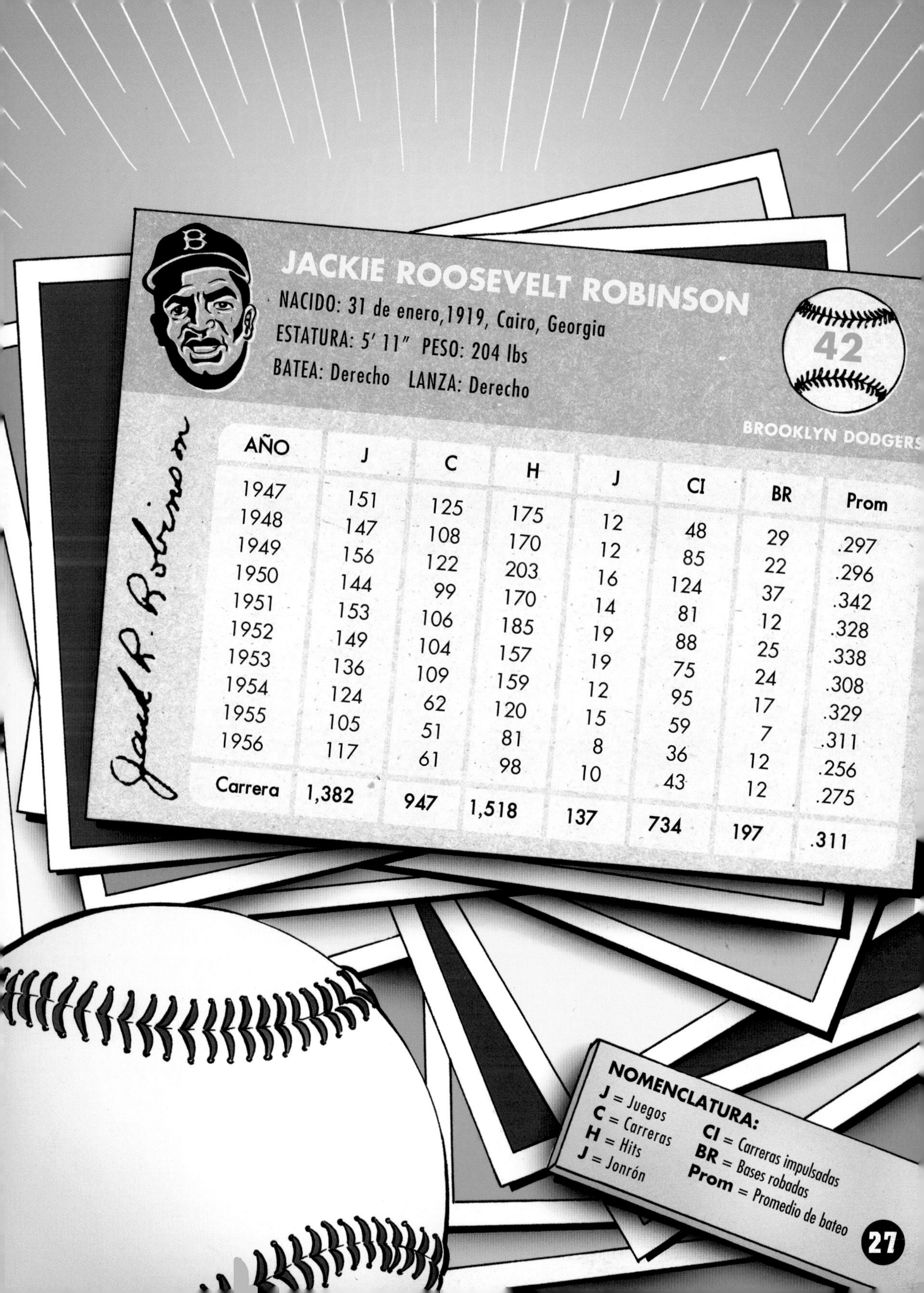
JACKIE ROOSEVELT ROBINSON
NACIDO: 31 de enero,1919, Cairo, Georgia
ESTATURA: 5' 11" PESO: 204 lbs
BATEA: Derecho LANZA: Derecho
42
BROOKLYN DODGERS
Jack R. Robinson

AÑO	J	C	H	J	CI	BR	Prom
1947	151	125	175	12	48	29	.297
1948	147	108	170	12	85	22	.296
1949	156	122	203	16	124	37	.342
1950	144	99	170	14	81	12	.328
1951	153	106	185	19	88	25	.338
1952	149	104	157	19	75	24	.308
1953	136	109	159	12	95	17	.329
1954	124	62	120	15	59	7	.311
1955	105	51	81	8	36	12	.256
1956	117	61	98	10	43	12	.275
Carrera	1,382	947	1,518	137	734	197	.311

NOMENCLATURA:

J = Juegos
C = Carreras
H = Hits
J = Jonrón
CI = Carreras impulsadas
BR = Bases robadas
Prom = Promedio de bateo

Más sobre Jackie Robinson

- Jack Roosevelt Robinson nació el 31 de enero de 1919.

- El segundo nombre de Jackie, Roosevelt, se lo pusieron en honor al Presidente Theodore Roosevelt, quien estaba en contra de la segregación. Roosevelt murió justo antes de que Jackie naciera.

- Una película acerca de Jackie, *The Jackie Robinson Story*, fue realizada mientras él aún jugaba béisbol. El estudio cinematográfico necesitaba a un actor negro que pudiera correr y batear bien. Jackie acabó representando el papel de sí mismo en la película.

- Algunas veces, cuando Jackie estaba en la base, una bola era golpeada y parecía como si fuese a resultar en jugada de doble out. Jackie "accidentalmente" dejaba que la bola le pegara conforme corría de base a base. Este movimiento normalmente arruinaría la jugada de doble out. La liga vio esta estrategia como injusta, así que añadió una nueva regla. Si un corredor es golpeado por una bola, el corredor y el bateador están fuera. Esta regla es llamada a veces "la regla Jackie Robinson".

- En 1957, el nuevo dueño de los Dodgers de Brooklyn mudó al equipo a Los Ángeles, California.

- Jackie fue un elemento crucial en la integración de los deportes profesionales, pero no fue el primer hombre negro en jugar béisbol profesional. Moses Fleetwood Walker jugó como catcher para la Asociación Americana en 1884.

- Jackie sobresalió en cada uno de los deportes en los que jugó, excepto uno. Mientras estaba de vacaciones en las Montañas Catskill en Nueva York, Jackie intentó esquiar. Se cayó varias veces y decidió dejar el esquí por la paz.

- Jackie y Rachel tuvieron tres hijos: Jackie Jr., Sharon y David. En 1971, Jackie Jr. murió en un accidente automovilístico a la edad de 24 años, poco más de un año antes de que muriera Jackie.

- Para rendir homenaje a un ex-jugador, los equipos de béisbol algunas veces retiran el número del jugador. Dicho número nunca será utilizado por otro jugador del equipo. En 1997, el número de Jackie, el 42, fue retirado de todas las Ligas Mayores de Béisbol.

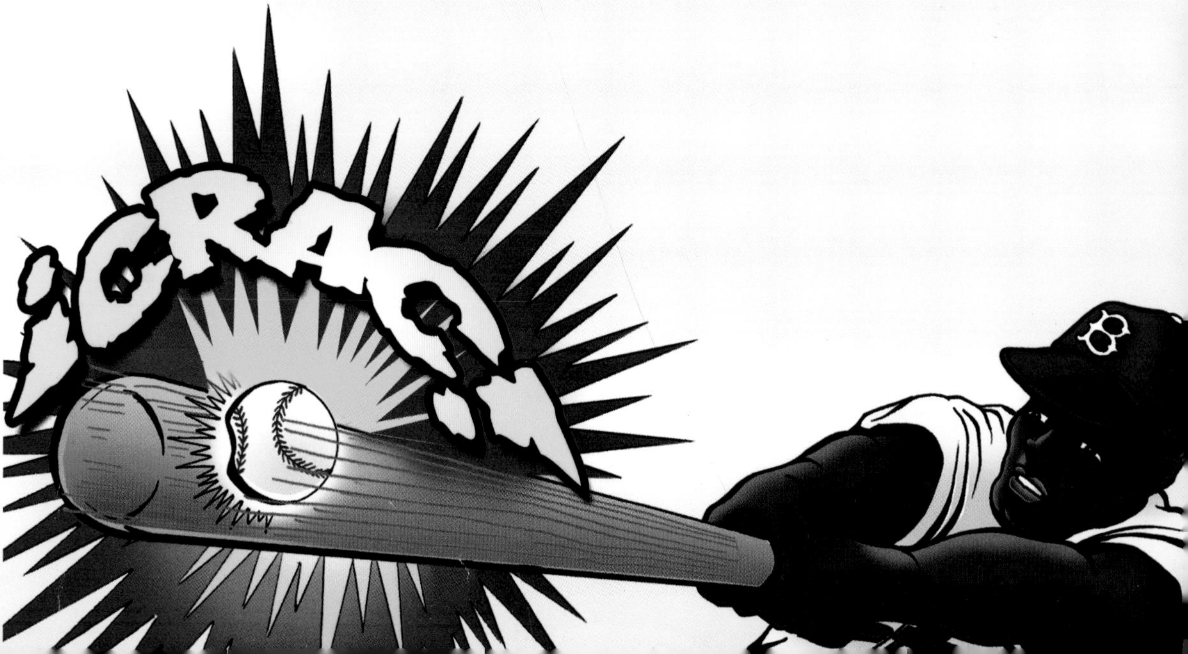
¡CRAC!

GLOSARIO

la corte marcial—enviar a alguien a juicio militar

dañar—maltratar o echar a perder algo

el jornalero—una persona que trabaja el campo para un propietario a cambio de una pequeña parte de las ganancias

la moral—sentimientos o estado mental de una persona o grupo

reclutar—requerir que alguien se enliste en el ejército

el reglamento—reglas oficiales

el reverendo—el líder de una iglesia

la segregación—el acto de mantener a las personas o a grupos separados

SITIOS DE INTERNET

FactHound proporciona una manera divertida y segura de encontrar sitios de Internet relacionados con este libro. Nuestro personal ha investigado todos los sitios de FactHound. Es posible que los sitios no estén en español.

Se hace así:

1. Visita *www.facthound.com*

2. Elige tu grado escolar.

3. Introduce este código especial **0736866027** para ver sitios apropiados según tu edad, o usa una palabra relacionada con este libro para hacer una búsqueda general.

4. Haz clic en el botón **Fetch It**.

¡FactHound buscará los mejores sitios para ti!

LEER MÁS

De Marco, Tony. *Jackie Robinson*. Chanhassen, Minn.: Child's World, 2002.

Editors of *Time for Kids*, with Denise Lewis Patrick. *Jackie Robinson: Strong Inside and Out*. New York: HarperCollins, 2005.

Robinson, Sharon. *Promises to Keep: How Jackie Robinson Changed America*. New York: Scholastic, 2004.

Wheeler, Jill C. *Jackie Robinson*. Breaking Barriers. Edina, Minn.: Abdo, 2003.

BIBLIOGRAFÍA

baseball-reference.com. Jackie Robinson. http://www.baseball-reference.com/r/robinja02.shtml.

Falkner, David. *Great Time Coming*. New York: Simon and Schuster, 1995.

Rampersad, Arnold. *Jackie Robinson*. New York: Knopf, 1997.

Robinson, Jackie. *I Never Had It Made*. New York: HarperCollins, 1995.

Robinson, Sharon. *Stealing Home: an Intimate Family Portrait by the Daughter of Jackie Robinson*. New York: HarperCollins, 1997.

Rowan, Carl T., with Jackie Robinson. *Wait Till Next Year: The Life Story of Jackie Robinson*. New York: Random House, 1960.

ÍNDICE